RUSLAN RUSSE 1

Troisième édition française

КАРТА РОССИЙСКОЙ ФЕДЕРАЦИИ
CARTE DE LA FÉDÉRATION DE RUSSIE

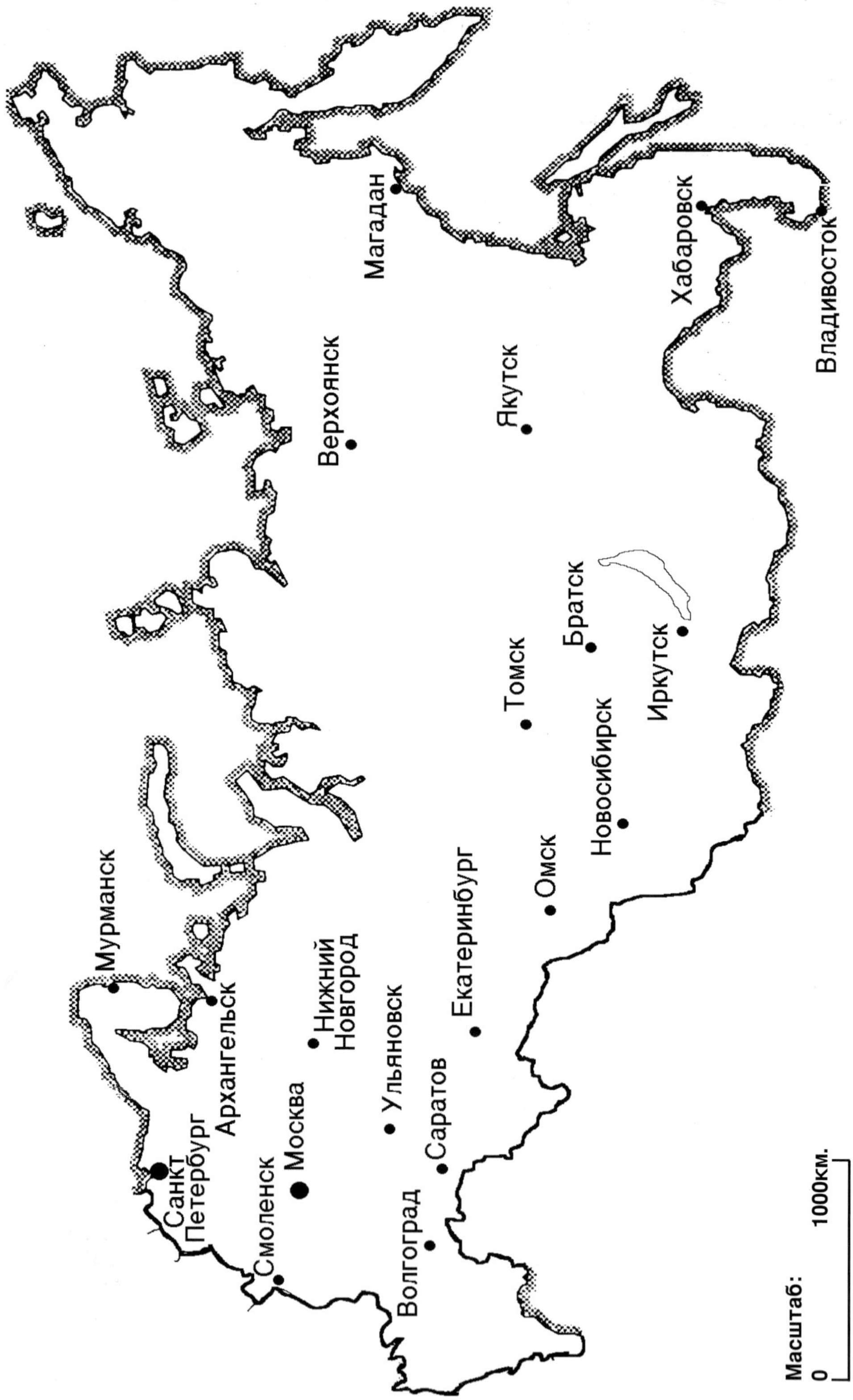

RUSLAN RUSSE 1

Méthode communicative de russe
John Langran et Natalya Veshnyeva
Troisième édition française
Revue et adaptée par Tania Remond-Bachénina

Nouvelle édition enrichie de 16 pages
de textes, chansons et poèmes.

Ruslan Limited
www.ruslan.co.uk

Éditions anglaises 1995, 1997, 2001, 2008
Éditions françaises 2002, 2004
Troisième édition française 2009, 2014

Ruslan 1 Manuel (Troisième édition) **ISBN 978-1-899785-69-8**
Ruslan 1 Manuel avec CD **ISBN 978-1-899785-70-4**

Ressources supplémentaires
Ruslan 1 Cahier de l'étudiant ISBN 978-1-899785-25-4
Ruslan Russe 1 CD-ROM (32 bit) ISBN 978-1-899785-11-7
(Testez la leçon 1 du CD-ROM sur le site : www.ruslan.co.uk/demos.htm !)
Livre du professeur (en anglais) et tests. En téléchargement gratuit
Un dessin animé de Ruslan Russe 1 sera disponible à partir de 2014.
"Tout comme les Simpsons!" - voir www.ruslan.co.uk/ruslancartoons.htm

Ruslan 2 et 3 constituent la suite de la méthode pour les niveaux intermédiaire et avancé.

Ruslan Limited - www.ruslan.co.uk

AVANT-PROPOS

Ruslan Russe 1 s'adresse aux adultes et aux élèves à partir de 16 ans, de niveau débutant. Le contexte est moderne et communicatif, avec une approche de la grammaire concise et systématique. La méthode peut être utilisée par des groupes avec un professeur, ou également par des personnes travaillant seules.

Ruslan Russe 1 satisfait les exigences " A1 " fixées par le Conseil de l'Europe pour l'apprentissage des langues.

L'introduction à l'alphabet russe décrit le son de chaque lettre, avec des exemples pris dans des mots internationaux faciles à comprendre. Il y a aussi des exemples de la calligraphie russe.

Les 10 leçons contiennent :
- une introduction contenant un sommaire du contenu de la leçon ;
- un dessin qui introduit le thème de la leçon ;
- des dialogues, qui introduisent le nouveau vocabulaire et les structures grammaticales. Les dialogues suivent les aventures d'Ivan, de Vadim, de Ludmila, de leurs amis à Moscou, et de "l'étranger typique", qui a du mal a comprendre toutes les nuances de la vie en Russie !
- du vocabulaire, avec les nouveaux mots de chaque leçon ;
- des informations culturelles et sociales ;
- des explications grammaticales ;
- des exercices basés sur le contenu de la nouvelle leçon : exercices de lecture, d'écriture et d'écoute, des exercices pour la langue parlée - jeux de rôles, activités communicatives et ludiques.

A la fin du manuel, vous trouverez des textes, chansons et poèmes supplémentaires, le script des textes audio, le corrigé des exercices écrits, un précis grammatical et le lexique de Ruslan Russe 1

Le Cahier de l'étudiant de "Ruslan Russe 1" contient 203 exercices supplémentaires et un CD audio.

Une version en dessin animé de Ruslan Russe 1 sera disponible à partir de 2014.

Remerciements
Nous remercions toutes les personnes qui ont contribué à la réalisation de ce projet, tout particulièrement : le Choeur Rossica de St-Pétersbourg, Olga Bean, Nadejda Bryagina, Gale Carruthers, Katie Costello, Alexandra Dowds, Ulla Frid, Paul B. Gallagher, Anna Garofalo-Kurman, Stef de Groot, David Harmer, Jelena Jefremova, Alla Koval, Sergey Kozlov, Mikhail Kukushkin, Emma Lamm, Jonathan Madden, Tanya Nousinova, Valery Poliakoff, Heather Richards, Brian Savin et Gilles Siche.

Les photos sont de John Langran, des personnes citées plus haut, tirées de Wikipedia et d'autres sources libres de droits. Les enregistrements ont été réalisés par les personnes citées ci-dessus. Brian Savin et John Langran se sont chargés de la production audio.

Traduit de l'anglais par John Langran et Odile Thomas, relu par Tania Remond-Bachénina et corrigé par Gilles Siche.

Les auteurs
Les auteurs ont une grande expérience de l'enseignement du russe à des adultes et jeunes gens.

John Langran, Directeur de Ruslan Limited, est le concepteur de la méthode. Il a étudié le russe à l'université du Sussex et a enseigné le russe et le français à Birmingham, où il était à la tête de Brasshouse Centre, centre de langue pour adultes. Il a travaillé dans plusieurs villes en Russie dans les années 1990 et est l'auteur du “BBC Russian Phrase Book” (1995).

Natalya Veshnyeva, qui est l'auteur de la plupart des dialogues est née et a grandi à Moscou. Elle a été formée à l'Institut Pédagogique de Moscou et a enseigné le russe dans un grand nombre d'écoles au Royaume-Uni et en Nouvelle-Zélande.

Tania Remond-Bachénina a entrepris une révision complète de cette troisième édition. Linguiste de formation, diplômée de l'Université de St-Pétersbourg et de l'INALCO (Paris), elle fut professeur de français à l'Institut polytechnique de St-Pétersbourg et enseigne le russe dans une école de la Chambre de Commerce et d'Industrie de Paris.

CONTENU — СОДЕРЖАНИЕ

7 indique qu'un dialogue est enregistré sur le CD audio. Le numéro est celui de la piste.
www indique qu'un enregistrement est disponible sur le site: www.ruslan.co.uk/ruslan1.htm

LA PRONONCIATION ET L'ACCENTUATION EN RUSSE

Bien que la prononciation russe soit assez régulière, elle n'est pas facile pour les étrangers.

L'accentuation du mot est très importante. Dans les mots de plus d'une syllabe, une voyelle est prononcée plus fortement que les autres.

Pour ceux qui apprennent la langue, l'accentuation est marquée par un accent aigu. Par exemple "le vin" - **винó**. L'accentuation est sur la dernière syllabe.

Vous noterez les effets de l'accentuation dans la prononciation du mot **хорошó** - "bon". La dernière lettre "**о**" est accentuée. La valeur des autres lettres "**о**" est réduite parce qu'elles ne sont pas accentuées.

Pour obtenir une prononciation correcte, écoutez les dialogues sur CD, en répétant les mots et les phrases aussi souvent que possible.

CYRILLE ET MÉTHODE

Les origines de l'alphabet russe
Les Russes utilisent l'alphabet cyrillique qui a reçu son nom en référence à Cyrille et Méthode, deux moines grecs, aujourd'hui sanctifiés. Au 9ème siècle après JC, Cyrille et Méthode ont créé un alphabet original appelé "glagolitique", dans le cadre d'une mission de conversion au christianisme des tribus slaves. L'alphabet cyrillique s'est ensuite développé à partir de cet alphabet glagolitique avec une influence supplémentaire du grec et de l'hébreu.

L'alphabet cyrillique a été modifié à l'époque de Pierre le Grand; quelques autres modifications ont été apportées par Lénine dans les années 1920.

L'alphabet cyrillique est utilisé aussi, avec quelques différences mineures, en Ukraine, au Bélarus, en Bulgarie et en Serbie.

Abréviations:

acc.	accusatif	imp.	imperfectif	nom.	nominatif
adj.	adjectif	instr.	instrumental	perf.	perfectif
dat.	datif	loc.	locatif	pl.	pluriel
f.	féminin	m.	masculin	и т.д.	etc.
gén.	génitif	n.	neutre		

L'ALPHABET RUSSE

L'alphabet russe compte 33 caractères : 21 consonnes, 10 voyelles et 2 signes phonétiques

2 Six lettres sont sensiblement les mêmes en russe et en français :

а е м т о к

Par exemple, dans les mots suivants :

а́том те́ма ма́ма коме́та кака́о такт

Six lettres sont des faux amis. Elles présentent une ressemblance graphique mais ne sont pas prononcées de la même façon :

в н р с у х

Par exemple, dans les mots suivants :

торт ка́сса анана́с хор со́ус самова́р

Les autres lettres ne ressemblent pas graphiquement aux lettres françaises :

3 б г д ё ж з и й л п

ф ц ч ш щ ы э ю я

Par exemple, dans les mots suivants :

бана́н	маргари́н	ви́за	ра́дио	репортёр
журнали́ст	зе́бра	кино́	май	сала́т
суп	телефо́н	цеме́нт	чемпио́н	шокола́д
борщ	Крым	эффе́кт	юри́ст	а́рмия

Les deux signes phonétiques (le signe mou ь et le signe dur ъ) ne sont pas, à proprement parler, des sons :

карто́фель объе́кт

vin
essence
chocolat
la Place Rouge

?

Les lettres et leur prononciation

А	а	A comme "papa"
Б	б	B comme "bébé"
В	в	V comme "voir"
Г	г	G comme "gare"
Д	д	D comme "dame"
Е	е	YÉ comme "hier" inaccentué entre E comme "je" et I comme "nid"
Ё	ё	YO comme "York"
Ж	ж	J comme "jour"
З	з	Z comme "zéro"
И	и	I comme "nid"
Й	й	Ï comme "ail"
К	к	K comme "kilo"
Л	л	L comme "loup"
М	м	M comme "maman"
Н	н	N comme "nous"
О	о	O comme "porte" inaccentué = A comme "papa"
П	п	P comme "papa"
Р	р	R comme "ronde"
С	с	S comme "sou"
Т	т	T comme "table"
У	у	OU comme "cou"
Ф	ф	F comme "fou"
Х	х	KH comme le prénom "Khaled" en arabe
Ц	ц	TS comme "tsar"
Ч	ч	TCH comme "tchèque"
Ш	ш	CH comme "chat"
Щ	щ	CHI comme "chien"
Ъ	ъ	Signe dur
Ы	ы	Un "i" dur. C'est le son "i" avec la langue tirée en arrière
Ь	ь	Signe mou
Э	э	È comme "père" inaccentué = I comme "nid"
Ю	ю	YOU comme "yougoslave"
Я	я	YA comme "yack" inaccentué entre E comme "je" et I comme "nid"

Veuillez écouter le CD pour une prononciation correcte des lettres et des mots.

L’ALPHABET - CALLIGRAPHIE

4

Lettre	Exemple	Calligraphie		Traduction
А а	а́том	А а	атом	atome
Б б	бага́ж	Б б	багаж	bagage
В в	вино́	В в	вино	vin
Г г	грамм	Г г	грамм	gramme
Д д	до́ктор	Д д	доктор	docteur
Е е	е́вро	Е е	евро	euro
Ё ё	ёлка	Ё ё	ёлка	sapin
Ж ж	журна́л	Ж ж	журнал	magazine
З з	зоопа́рк	З з	зоопарк	zoo
И и	иде́я	И и	идея	idée
Й й	йо́гурт	Й й	йогурт	yaourt
К к	кри́зис	К к	кризис	crise
Л л	ла́мпа	Л л	лампа	lampe
М м	меню́	М м	меню	menu
Н н	ноль	Н н	ноль	zéro
О о	о́пера	О о	опера	opéra
П п	пробле́ма	П п	проблема	problème
Р р	рубль	Р р	рубль	rouble
С с	спорт	С с	спорт	sport

Т т	такси́	*Т т*	*такси*	taxi
У у	у́лица	*У у*	*улица*	rue
Ф ф	футбо́л	*Ф ф*	*футбол*	football
Х х	хокке́й	*Х х*	*хоккей*	hockey sur glace
Ц ц	царь	*Ц ц*	*царь*	tsar
Ч ч	чай	*Ч ч*	*чай*	thé
Ш ш	шокола́д	*Ш ш*	*шоколад*	chocolat
Щ щ	щи	*Щ щ*	*щи*	soupe aux choux
Ъ ъ	объе́кт	*ъ*	*объект*	objet
Ы ы	му́зыка	*ы*	*музыка*	musique
Ь ь	контро́ль	*ь*	*контроль*	contrôle
Э э	экспе́рт	*Э э*	*эксперт*	expert
Ю ю	ю́мор	*Ю ю*	*юмор*	humour
Я я	я́блоко	*Я я*	*яблоко*	pomme

La lettre **ы** et les signes **ь** et **ъ** ne sont jamais utilisés au début des mots.

L'accent de mot n'est pas marqué dans les textes authentiques.

Il existe deux écritures manuscrites de la lettre **т** - *т/т*

Plusieurs lettres “hautes” en français, par exemple “k” et “l”, ne le sont pas en russe : *к* , *л* .

Pour les lettres *л* , *м* , *я* le “crochet” au début de la lettre est bien défini, et séparé de la lettre précédente.

> Pour plus d'exercices concernant les lettres, veuillez utiliser le Cahier de l'étudiant Ruslan 1.

LEÇON 1	АЭРОПОРТ	УРОК 1

Ivan et Ludmila se rencontrent dans l'avion et arrivent à l'aéroport de Cheremetievo à Moscou. Vous allez apprendre du vocabulaire concernant l'aéroport et les voyages.

La partie **Грамма́тика** comprend :

- ❑ en russe il n'y a pas d'article "le / la" ou "un / une" ;
- ❑ le verbe "être" n'est pas utilisé au présent ;
- ❑ l'accentuation interrogative ;
- ❑ le nominatif ;
- ❑ le genre des substantifs ;
- ❑ les pronoms **я** - "je", **вы** - "vous", **он** - "il" et **она́** - "elle" ;
- ❑ les adjectifs / pronoms possessifs :
  мой / **моя́** - "mon / ma" ou "le mien / la mienne"
  ваш / **ва́ша** - "votre" ou "le vôtre / la vôtre".

La partie **Информа́ция** traite de Moscou.

Après avoir étudié la leçon, vous serez capable de :

- ❑ poser des questions simples et y répondre ;
- ❑ lire quelques annonces que vous allez voir à l'aéroport et reconnaître quelques autres mots internationaux ;
- ❑ écrire votre nom en russe.

Page 126, vous trouverez un texte supplémentaire sur les aventures d'Igor à Saint-Pétersbourg, et une chanson pour les débutants "**До свида́ния!**" - "Au revoir!".

Le cahier de l'étudiant Ruslan 1 contient 19 exercices supplémentaires pour cette leçon dont 3 exercices audio. La leçon 1 du cahier peut être téléchargée gratuitement à www.ruslan.co.uk/demos.htm

Où va le bus?

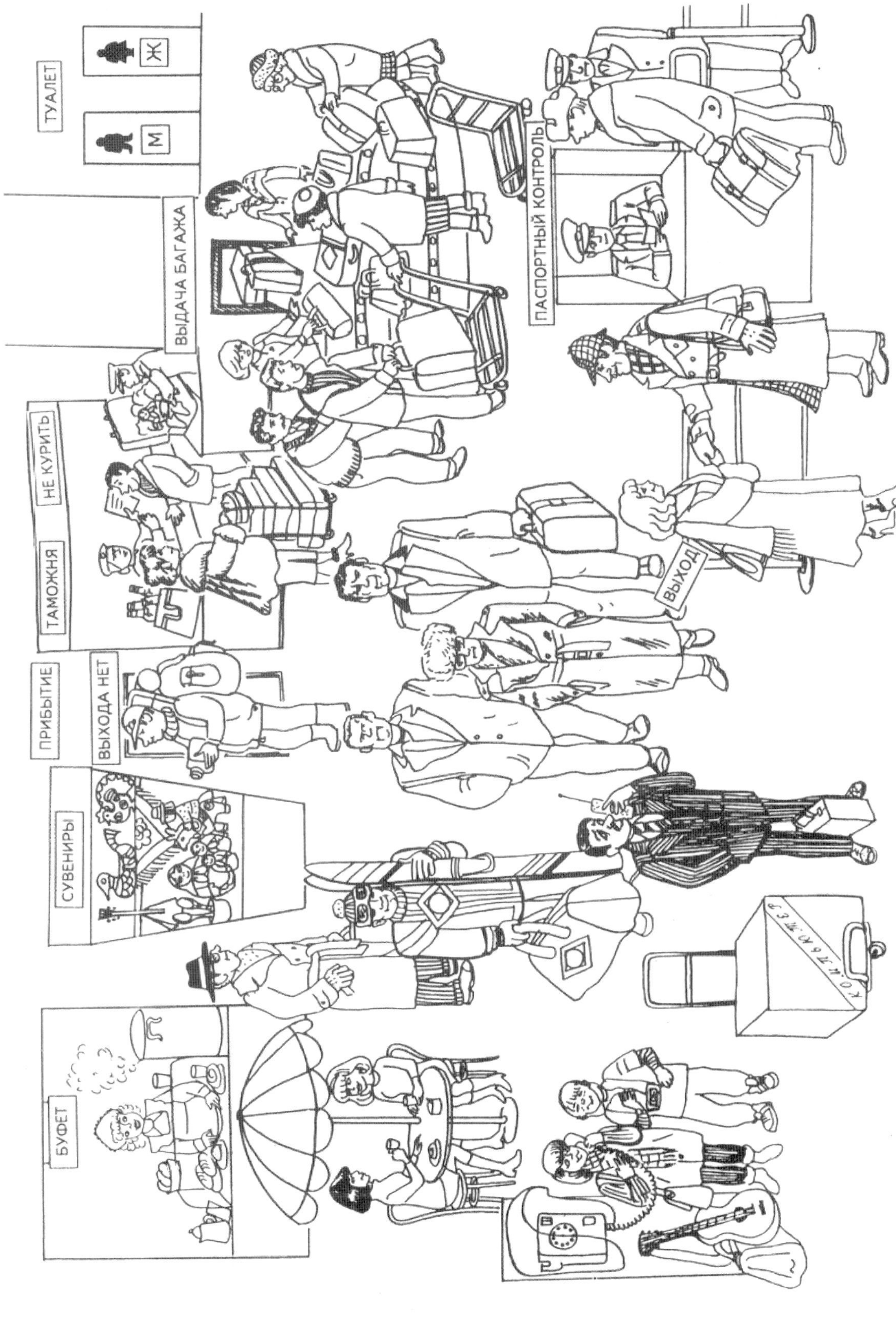
БУФЕТ
СУВЕНИРЫ
ПРИБЫТИЕ
ВЫХОДА НЕТ
ТАМОЖНЯ
НЕ КУРИТЬ
ВЫДАЧА БАГАЖА
ТУАЛЕТ
М
Ж
ПАСПОРТНЫЙ КОНТРОЛЬ
ВЫХОД

Dessin animé Ruslan 1.
Voir www.ruslan.co.uk/ruslancartoons.htm

6 Ludmila et Ivan dans l'avion

Людми́ла: Здра́вствуйте!
Ива́н: Здра́вствуйте!
Людми́ла: Это Москва́?
Ива́н: Да, Москва́!
Людми́ла: Извини́те, вы тури́ст?
Ива́н: Нет, я бизнесме́н. А вы?
Людми́ла: Я тури́стка и журнали́стка.

7 Ivan et son passeport

Офице́р: Ваш па́спорт, пожа́луйста.
Ива́н: Вот, пожа́луйста.
Офице́р: Вы тури́ст?
Ива́н: Нет, я не тури́ст. Я бизнесме́н.
Офице́р: Вы Ива́н Козло́в?
Ива́н: Да, э́то я.
Офице́р: Хорошо́. Вот ваш па́спорт.

8 Ivan et Ludmila récupèrent leurs bagages

Ива́н: Это ваш чемода́н?
Людми́ла: Да, мой.
Ива́н: А где мой?
Людми́ла: Вы Козло́в?
Ива́н: Да, я Козло́в.
Людми́ла: Это ваш чемода́н?
Ива́н: Да, мой, спаси́бо.
Людми́ла: А су́мка ва́ша?
Ива́н: Да, спаси́бо.

9 Ivan passe à la douane

La douanière: Ваш биле́т.
Ива́н: Биле́т? Где он? А, вот он. Пожа́луйста.
La douanière: Где ваш па́спорт?
Ива́н: Где мой па́спорт? Вот он.
La douanière: А деклара́ция?
Ива́н: Вот она́. Пожа́луйста.
La douanière: Хорошо́. Вы тури́ст?
Ива́н: Нет, я не тури́ст. Я бизнесме́н.
La douanière: Где ваш бага́ж?
Ива́н: Вот мой бага́ж. Чемода́н и су́мка.
La douanière: А э́то что?
Ива́н: Это аспири́н.
La douanière: А э́то?
Ива́н: Это сувени́р.
La douanière: Хорошо́, вот ваш па́спорт и ваш биле́т.

Типи́чный иностра́нец 10

Людми́ла: Извини́те, это ва́ша ви́за?

Иностра́нец: Да, спаси́бо, это моя́ ви́за. А скажи́те, пожа́луйста, э́то Шереме́тьево?

Людми́ла: Да, э́то Шереме́тьево.

Иностра́нец: Это Шереме́тьево-1 и́ли Шереме́тьево-2?

Людми́ла: Это Шереме́тьево-2.

аэропо́рт	aéroport
Здра́вствуйте!	Bonjour!
э́то	ce
Москва́	Moscou
да	oui
Извини́те!	Excusez (-moi) !
а	mais, et
вы	vous
тури́ст	touriste (m.)
тури́стка	touriste (f.)
нет	non
и	et
я	je
не	ne pas
бизнесме́н	homme d'affaires
журнали́стка	journaliste (f.)
офице́р	officier
ваш	votre / le vôtre
па́спорт	passeport
пожа́луйста	s'il vous plaît
хорошо́	bon / bien
вот	voici
спаси́бо	merci
чемода́н	valise
мой	mon / le mien
где	où (emplacement)
су́мка	sac
биле́т	billet
он	il
деклара́ция	déclaration
она́	elle
бага́ж	bagages
что	quoi
аспири́н	aspirine
сувени́р	souvenir
типи́чный	typique
иностра́нец	un étranger
ви́за	visa
Скажи́те !	Dites (-moi) !
Шереме́тьево	Cheremetievo (aéroport)
оди́н	un (chiffre)
и́ли	ou
два	deux

типи́чный иностра́нец

деклара́ция
Les voyageurs arrivant en Russie doivent déclarer à la douane les objets de valeur et les devises qu'ils détiennent, à partir d'une certaine somme.

ви́за
Les étrangers sont obligés d'obtenir un visa avant de se rendre en Russie.

Москва́

Fondée au 12ème siècle, Moscou, capitale de la Fédération de Russie, est située en Russie européenne, sur le fleuve Moskova. Sa population est de 11,5 millions d'habitants environ (2010). A Moscou, il y a trois aéroports, plusieurs gares et un métro célèbre pour son efficacité, sa fréquence et son architecture stupéfiante.

Шереме́тьево

Les nouveaux terminaux de l'aéroport Cheremetievo utilisent des lettres latines : **Термина́л-A**, **Термина́л-B**, **Термина́л-C**, etc.

ГРАММАТИКА

Здра́вствуйте! **Bonjour!**

Vous devez utiliser Здра́вствуйте! pour dire bonjour aux personnes auxquelles vous diriez вы - "vous". Vous devez dire Здра́вствуй! aux personnes que vous tutoyez. Pour vos amis, Приве́т! est un équivalent de "Salut!".

Les articles et le verbe "être"

En russe il n'y a pas d'article "le / la" ou "un / une", et le verbe "être" n'est pas normalement utilisé au présent. Les phrases simples sont souvent plus courtes qu'en français:

C'est un aéroport.	Это аэропо́рт.
Je suis journaliste.	Я журнали́ст.
Ce sont mes bagages.	Это мой бага́ж.

L'accentuation interrogative

Quand il s'agit d'une question sans mot interrogatif tel que "Qui?", "Que?", "Quand?" etc., la voix monte sur la syllabe accentuée du mot sur lequel porte la question :

Это Москва́? C'est **Moscou**?

Это ваш чемода́н? Est-ce **votre** valise?

Le nominatif

La plupart des noms et des pronoms de cette leçon sont au nominatif singulier (à la forme que donne le dictionnaire), soit parce qu'ils sont sujets d'une phrase, soit parce qu'ils sont attributs du sujet.

Я журналист. — Je suis journaliste.

Le pronom я est sujet, au nominatif.
Le nom журналист est attribut du sujet, au nominatif.

Le genre des substantifs

En russe les substantifs peuvent être masculins, féminins ou neutres. Pour le moment nous n'avons vu que les deux premiers. On peut généralement déduire le genre du mot grâce à sa terminaison.

La plupart des substantifs masculins se terminent par une consonne ou par -й :
паспорт / багаж / турист / трамвай

La plupart des substantifs féminins se terminent par -а, -я ou -ия :
виза / Таня / декларация

> Au cours des leçons suivantes vous apprendrez des substantifs avec d'autres terminaisons :
> Les noms qui se terminent par -о ou par -е sont presque toujours neutres.
> Les noms qui se terminent par -мя sont neutres.
> Les noms qui se terminent par le signe mou -ь peuvent être masculins ou féminins.

> Le genre des noms en français ne correspond pas forcément à celui des mêmes noms en russe, sauf pour les noms qui sont logiquement masculins ou féminins:
> отец - "père" - est masculin ; мать - "mère" - est féminin.
> чемодан est masculin en russe, tandis qu'en français "valise" est féminin.

Adjectifs / pronoms possessifs

Les adjectifs / pronoms possessifs мой - "mon / ma" ou "le mien / la mienne" et ваш - "votre" ou "le vôtre / la vôtre" - s'accordent avec le substantif qu'ils qualifient ou qu'ils remplacent.

Masculin	**Féminin**
мой паспорт	моя виза
мой багаж	моя сумка
ваш чемодан	ваша декларация

– Это ваша сумка?	– Est-ce votre sac?
– Моя.	– Oui, c'est le mien.

он / она

он et она ont le même usage que "il" et "elle" en français.
он est utilisé pour un substantif masculin :

- Где ваш паспорт? - Вот он! — - Где Иван? - Вот он!

она est utilisé pour un substantif féminin :

- Где ваша декларация? - Вот она! — - Где Нина? - Вот она!

1. Choisissez le mot qui convient

а.	Где _______ журна́л?	ваш / ва́ша
б.	Это _______ ви́за.	мой / моя́
в.	Вот _______ биле́т.	ваш / ва́ша
г.	Где бага́ж? Вот _______.	он / она́
д.	Где моя́ су́мка? Вот _______ .	он / она́
е.	Где Людми́ла? Вот _______ .	он / она́
ж.	Где Бори́с? Вот _______ .	он / она́

2. Choisissez la bonne réponse

а. Это ваш бага́ж?
б. Где ва́ша ви́за?
в. Вы тури́ст?
г. Вот ваш журна́л.
д. Это Ло́ндон?
е. Спаси́бо.
ж. Где ваш бага́ж?
з. Это нарко́тик?

Вот он.
Да, мой.
Нет, э́то аспири́н.
Пожа́луйста.
Вот она́.
Нет, я бизнесме́н.
Спаси́бо
Нет, э́то Москва́.

3. Vous avez perdu votre passeport. Que dites-vous ?

Это ваш па́спорт?
Где мой па́спорт?
Вот мой па́спорт.
Хорошо́.

Quelqu'un l'a trouvé. Que vous dira-t-il / elle?

Это мой па́спорт.
Где ваш па́спорт?
Вот ваш па́спорт.
Спаси́бо.

Vous le / la remerciez :

Хорошо́.
Пожа́луйста.
Извини́те.
Спаси́бо.

Il / elle peut répondre :

Хорошо́.
Пожа́луйста.
Извини́те.
Спаси́бо.

1. **A l'aéroport. Lisez !**

ВЫДАЧА БАГАЖА	ТРАНЗИТ
№ РЕЙСА	КРАСНЫЙ КОРИДОР
НЕ КУРИТЬ	ПАСПОРТНЫЙ КОНТРОЛЬ
РЕГИСТРАЦИЯ	ТУАЛЕТ
СУВЕНИРЫ	ВЫХОД
ПАРФЮМЕРИЯ	ВЫХОДА НЕТ

www

Souvenirs - Transit - Enregistrement - Livraison des bagages
Parfumerie - Couloir rouge - Défense de fumer - Sortie interdite
Toilettes - Contrôle des passeports - Sortie - Numéro du vol

2. **Qu'est ce qui peut intéresser le douanier ?**

биле́т	па́спорт	во́дка
ико́на	сувени́р	нарко́тик
ви́ски	до́ллар	журна́л "Экономи́ст"
деклара́ция	фотоаппара́т	газе́та "Таймс"

3. **De quelle devise s'agit-il ?**
До́ллар - Фу́нт - Рубль - Евро
Япо́нская ие́на - Кита́йский юа́нь
Инди́йская рупи́я

4. **De quelles voitures s'agit-il ? Trouvez trois voitures russes !**
Форд - Рено́ - Мерседе́с - Ла́да - Фиа́т - Ягуа́р - Москви́ч
БМВ - Во́льво - Ситрое́н - Во́лга - Кадилла́к - Тойо́та

5. **Les aéroports de Moscou. D'après la liste :**
Quels sont les aéroports pour les Etats-Unis, pour l'Europe de l'Ouest, pour les pays Baltes, pour l'Ukraine, pour la Chine ? Quel est l'aéroport pour le nord de la Russie, pour le sud de la Russie, pour la Sibérie ?
(voir la carte page 2.)

Шереме́тьево-D:
Берли́н, Владивосто́к, Екатеринбу́рг, Ирку́тск, Ло́ндон, Мила́н, Новосиби́рск, Пари́ж, Хаба́ровск.

www

Шереме́тьево-E:
Доне́цк, Ки́ев, Ри́га, Та́ллин

Шереме́тьево-F:
Пеки́н, Шанха́й

Вну́ково:
Арха́нгельск, Магада́н, Му́рманск.

Домоде́дово:
Вашингто́н, Волгогра́д, Ло́ндон, Лос-Анджелес, Майа́ми, Нью-Йо́рк, Омск, Санкт-Петербу́рг, Сара́тов.

Voici un extrait de la liste des passagers du vol Paris-Moscou

а. Quels sont les trois noms français ?
б. Ajoutez votre propre nom en lettres russes, ainsi que celui de vos amis et de vos collègues.

1. Андреев Павел Борисович
2. Ларош Мари
3. Иванов Борис Владимирович
4. Иванова Татьяна Николаевна
5. Козлов Иван Николаевич
6. Мальцева Юлия Павловна
7. Минский Вадим Степанович
8. Делоне Лоран
9. Суханов Александр Львович
10. Тихонова Людмила Николаевна
11. Монвиль Жан-Клод
12. Шишкин Михаил Андреевич
13. Щукина Зоя Борисовна

СЛУШАЙТЕ! ECOUTEZ! УРОК 1

Ecoutez le dialogue sur la CD 11

1. Quels trois objets la douanière a-t-elle voulu voir ?
2. Pourquoi Ludmila est-elle allée en Angleterre ?
3. Quelles villes a-t-elle visitées ?
4. A-t-elle rapporté des souvenirs ?

Ensuite vous pourrez lire le texte page 145.

ГОВОРИТЕ! PARLEZ!

1. Questions sur le dessin page 15 :

– Это тури́ст?	– Да.
– Это сувени́р?	– Нет, э́то телефо́н.
– Где чемода́н?	– Вот чемода́н.
– Где па́спорт?	– Вот он!
– Где су́мка?	– Вот она́!

2. Jeu de rôles:

Vous êtes à l'aéroport. Une personne joue le rôle du visiteur. L'autre joue celui de l'officier.

Le visiteur peut être un/une journaliste ou un/une touriste.

L'officier
Demandez à voir son passeport.
Vérifiez sa profession
(touriste, journaliste)
Demandez à voir son visa.
Rendez au visiteur son passeport et son visa.
Dites "merci".

Le visiteur
Présentez votre passeport.
Déclarez votre profession.

Présentez votre visa.

Répondez.

Changez de rôles et refaites l'exercice.

3. **Activité de groupe**

Choisissez votre profession :

журнали́ст	journaliste
музыка́нт	musicien
инжене́р	ingénieur

Trouvez les autres personnes dans le groupe qui ont la même profession que vous :

– Извини́те, пожа́луйста, вы музыка́нт?
– Да, я музыка́нт.
– И я музыка́нт.
– Хорошо́!

– Извини́те, вы музыка́нт?
– Нет, я журнали́ст.

> N'utilisez que les noms masculins. Ce serait inhabituel d'utiliser le nom féminin журнали́стка dans cette situation. Il n'existe pas d'équivalents féminins pour инжене́р et музыка́нт.

4. **он / она́**
Faites une collection d'objets simples avec des noms que vous pouvez apprendre en russe. Les noms doivent être masculins ou féminins. Utilisez aussi les dessins page 25.

> биле́т - во́дка - лимона́д - журна́л - компью́тер
> па́спорт - шокола́д - телефо́н - ла́мпа - су́мка

Posez des questions et donnez les réponses :

– Где журна́л?
– Вот он!
– Где во́дка?
– Вот она́!

5. **и́ли**
En utilisant les images page 25, posez des questions et répondez selon le modèle :
– Это биле́т и́ли па́спорт?
– Это па́спорт.
– Что э́то - шокола́д и́ли журна́л?
– Это журна́л.

www

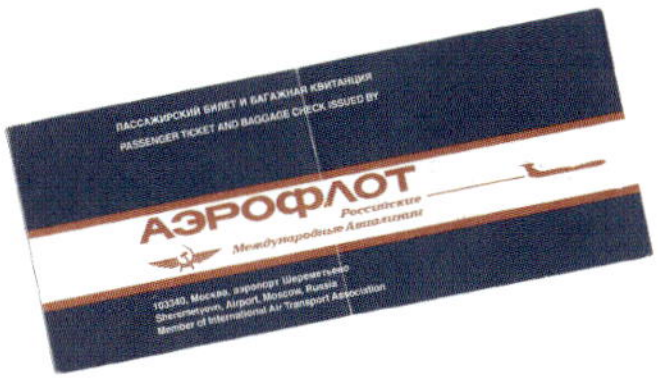

1

2

3

4

5

6

7

8

9

10

УЛИЦА

Ivan prend un taxi à l'aéroport de Cheremetievo et se rend rue Arbat, dans le centre de Moscou. Vous allez apprendre à demander votre chemin en ville, et les nombres de 0 à 10.

La partie **Граммáтика** comprend :

- ❑ comment dire “je sais” / “je connais” - **я знáю** et “vous savez” / “vous connaissez” - **вы знáете** ;
- ❑ les prépositions **в** et **на** qui veulent dire “à” dans le sens: “à un endroit” ;
- ❑ les impératifs. **Скажи́те!** - “Dites (-moi) !” ;
- ❑ **да** et **нет** - pas exactement le même sens que “oui” et “non” ;
- ❑ **есть** dans le sens “il y a” ;
- ❑ les substantifs neutres et le pronom **онó**.

La partie **Информáция** traite de la rue Arbat à Moscou, présente un couplet d'une chanson de Boulat Okudjava et quelques photos de Moscou.

Après avoir étudié la leçon, vous serez capable de :

- ❑ lire une adresse en russe ;
- ❑ reconnaître les noms de quelques lieux en ville.

Page 127, vous trouverez un texte supplémentaire sur les aventures d'Igor à Saint-Pétersbourg, et il y a des photos de Saint-Pétersbourg à la page 128.

Le cahier de l'étudiant Ruslan 1 contient 16 exercices supplémentaires pour cette leçon dont 3 exercices audio.

Quelques noms de rues sur le plan ont changé. Par exemple Улица Вахтáнгова est devenue Большóй Николопéскевский переýлок. (Ed.)

кинотеа́тр	cinéma
переу́лок	petite rue, ruelle
пло́щадь (fém.)	place
рестора́н	restaurant

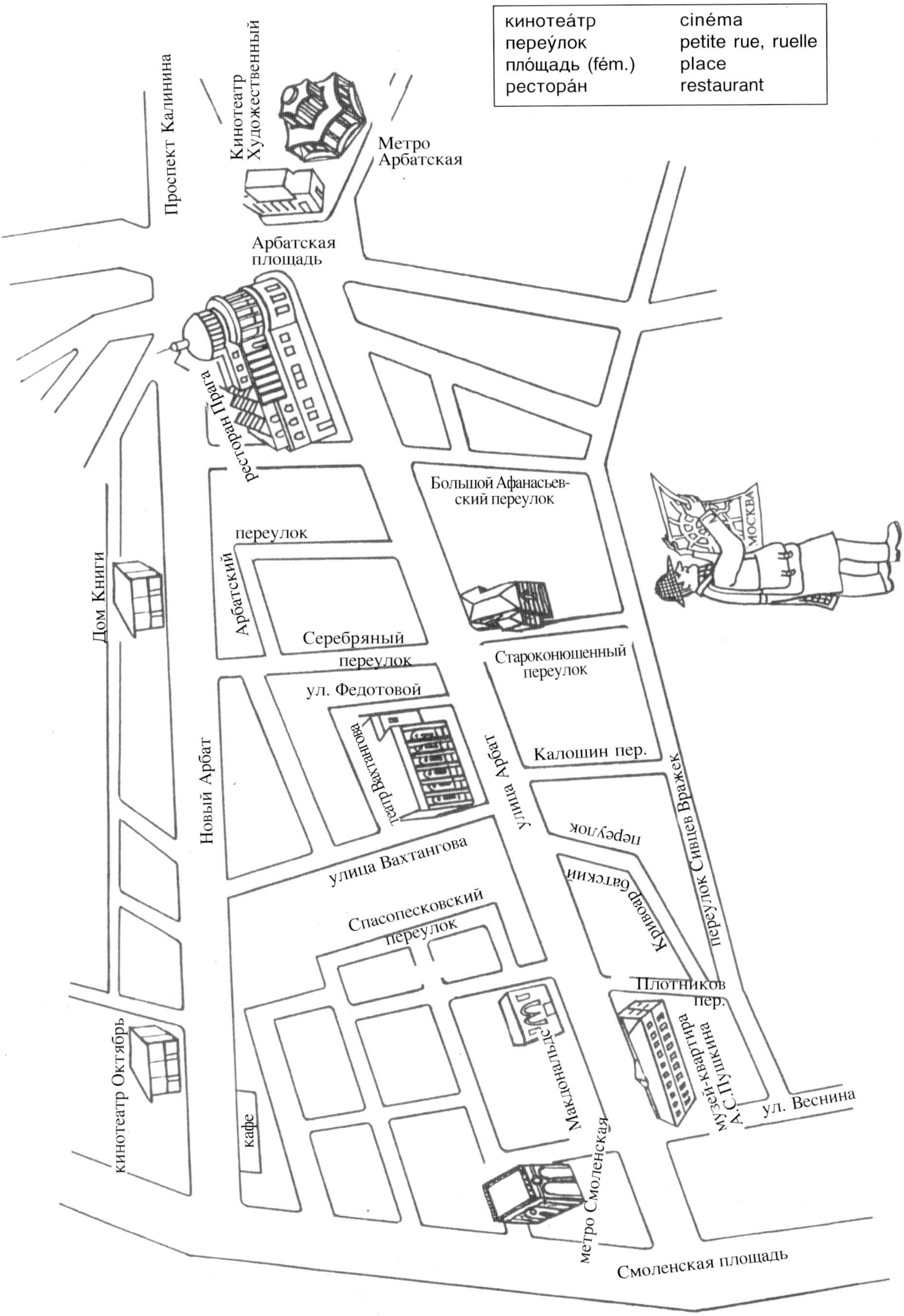

13 **Ivan et Ludmila à l'aéroport**

Ива́н: Извини́те, пожа́луйста.
Людми́ла: Да?
Ива́н: А, э́то вы? Тури́стка и журнали́стка?
Людми́ла: Да, э́то я.
Ива́н: Вы не зна́ете, где здесь метро́?
Людми́ла: Здесь нет метро́.
Ива́н: Здесь нет метро́?
Людми́ла: Да, нет метро́. Вот стоя́нка такси́, а там авто́бус.
Ива́н: Спаси́бо.

14 **Ivan dans le taxi**

Ива́н: В центр, пожа́луйста.
Такси́ст: Куда́ в центр?
Ива́н: На Арба́т.
Такси́ст: Хорошо́.

Ils arrivent

Такси́ст: Вот, пожа́луйста, Арба́т. Вот, нале́во, ста́нция метро́, а э́то у́лица Арба́т.
Ива́н: Спаси́бо.

15 **Ivan dans la rue**

Ива́н: Извини́те. Где здесь у́лица Вахта́нгова?
Прохо́жий: Я не зна́ю.

Ива́н: Где мой план? Ага́, вот он. Вот э́то Арба́т.
А где а́дрес? Улица Вахта́нгова, дом де́сять.
Хорошо́, вот э́то у́лица Вахта́нгова. Я здесь.
А что э́то? Теа́тр?

Ива́н: Скажи́те, пожа́луйста. Вы не зна́ете, где здесь теа́тр?
Прохо́жий: Теа́тр? Да. Теа́тр Вахта́нгова. Это бли́зко.
Иди́те пря́мо, и теа́тр напра́во.
Ива́н: Спаси́бо.

Типи́чный иностра́нец

16

Иностра́нец: Извини́те, это Большо́й теа́тр?
Прохо́жая: Большо́й теа́тр? Нет! Большо́й теа́тр не здесь.
Иностра́нец: Я не понима́ю. А где Большо́й теа́тр? Это далеко́?
Прохо́жая: Да. Это далеко́. Ста́нция метро́ “Театра́льная”.
Иностра́нец: Спаси́бо. А здесь есть метро́?
Прохо́жая: Коне́чно. Вот оно́.

вы зна́ете	vous savez	я не понима́ю	je ne comprends pas
здесь	ici	Большо́й теа́тр	le théâtre Bolchoï
метро́	métro	далеко́	loin
стоя́нка такси́	station de taxis		
там	là	есть	il y a
авто́бус	autobus	коне́чно	naturellement
в	à / dans		(la lettre ч est prononcée ш)
центр	centre	оно́	pronom neutre
куда́?	où ? (où aller ?)		
на	à / sur		
нале́во	à gauche		
ста́нция	station (de métro)		
у́лица	rue		
я не зна́ю	je ne sais pas		
план	plan / carte		
Ага!	Aha !		
а́дрес	adresse		
дом	maison		
де́сять	dix		
теа́тр	théâtre		
прохо́жий	passant		
прохо́жая	passante		
бли́зко	près		
Иди́те!	Allez!		
пря́мо	tout droit		
напра́во	à droite		

Звонова Зоя Петровна
РОССИЯ
115446 МОСКВА
ул. Вахтангова,
д.10, кв. 106
Тел.: (8) 495 841 43 45

La carte de visite - визитка - de Zoya Petrovna.

Il existe maintenant des trains rapides entre l'aéroport et le centre de Moscou.

ИНФОРМАЦИЯ УРОК 2

АРБАТ

La rue Arbat se trouve au centre de Moscou. C'était, avant la Révolution de 1917, une rue résidentielle très à la mode. Après la Révolution, de nombreux petits magasins s'y sont installés. Elle fut la première à devenir piétonne pendant la perestroïka. Elle est aujourd'hui fréquentée par beaucoup d'artistes qui y vendent leurs tableaux aux touristes, et par des marchands de souvenirs.

Ах Арба́т, мой Арба́т, ты моё призва́ние.
Ты - и ра́дость моя́, и моя́ беда́.
(Була́т Окуджа́ва)

Oh, Arbat, mon Arbat, tu es le sens de ma vie
Tu es mon bonheur et ma douleur.
(Boulat Okudjava)

Була́т Окуджа́ва (1924-1997)

Les nombres de 0 à 10

0	ноль		
1	оди́н	6	шесть
2	два	7	семь
3	три	8	во́семь
4	четы́ре	9	де́вять
5	пять	10	де́сять

ГРАММАТИКА

я зна́ю / вы зна́ете

Les verbes au présent changent avec leur sujet

я зна́ю	je sais / je connais
вы зна́ете	vous savez / vous connaissez
я понима́ю	je comprends
вы понима́ете	vous comprenez

Voir page 52 la conjugaison complète du verbe знать - "savoir / connaître".

в / на

Les prépositions в et на signifient "à" (quand il y a un mouvement) :

в центр - (aller) au centre
на Арба́т - (aller) dans la rue Arbat

> Ces expressions sont à l'accusatif (leçon 6). L'accusatif singulier des noms masculins inanimés a la même forme que le nominatif singulier.

En règle générale, в est utilisé pour un endroit fermé tel qu'un hôtel, un théâtre, une pièce; tandis que на est utilisé pour un espace ouvert, un champs, une gare, une rue etc. Néanmoins, il existe beaucoup d'exceptions. Nous vous conseillons d'apprendre chaque cas au fur et à mesure que vous le rencontrerez.

Entraînez-vous à dire “в центр” sans pause entre в et ц.

напра́во / нале́во et спра́ва / сле́ва

напра́во / нале́во sont utilisés pour indiquer une direction à quelqu'un :

Иди́те напра́во! Allez à droite !
Иди́те нале́во! Allez à gauche !

спра́ва / сле́ва sont utilisés quand vous dites où se trouve quelque chose :

Рестора́н спра́ва. Le restaurant est à droite.
Теа́тр сле́ва. Le théâtre est à gauche.

> Parfois les Russes utilisent напра́во / нале́во à la place de спра́ва / сле́ва.

Скажи́те!

Quelques verbes en -и́те et tous les verbes en -айте sont des impératifs :

Скажи́те!	Dites (-moi) !	Чита́йте!	Lisez !
Иди́те!	Allez !	Извини́те!	Excusez (-moi) !
		Слу́шайте!	Ecoutez !

да и нет

да et нет n'ont pas exactement le même sens que “oui” et “non” en français. Ils veulent dire “Vous avez raison” ou “Vous avez tort”. Par exemple les Russes utilisent да pour exprimer “Oui, vous avez raison, il n'y en a pas”, bien qu'en français on dirait: “Non, il n'y en a pas”.

- Здесь нет метро́?
- Да, здесь нет метро́.

есть - il y a

Le verbe invariable есть est utilisé pour “il y a”. Pour poser la question “y a-t-il?”, il suffit de changer l'intonation. La voix doit monter sur есть.

Здесь есть метро́? Y a-t-il une station de métro par ici?

Substantifs neutres

Les substantifs qui se terminent en -о ou -е sont neutres. Le pronom est оно́.

- Где метро́?
- Вот оно́!

1. Remplissez les blancs

а. Где ста́нция ____________ ?
б. Где мой __________?
в. ____________ пря́мо!
г. Это ва́ша ___________?
д. Что вы не ___________ ?
е. Скажи́те, ____________, где теа́тр?
ж. Извини́те, я не ____________.
з. Теа́тр далеко́? Нет, ____________.
и. Это ___________ план?

зна́ю
Иди́те
понима́ете
план
бли́зко
ваш
су́мка
пожа́луйста
метро́

2. Vous demandez votre chemin. Quelles sont les réponses ?

Скажи́те, пожа́луйста, где кинотеа́тр?
Скажи́те, пожа́луйста, где теа́тр?
Скажи́те, пожа́луйста, где буфе́т?
Скажи́те, пожа́луйста, где рестора́н?
Скажи́те, пожа́луйста, где метро́?

- Иди́те пря́мо и нале́во!
- Иди́те пря́мо и напра́во!
- Иди́те пря́мо!

3. Trouvez les impératifs

Иди́те! Скажи́те! Извини́те! Слу́шайте! Чита́йте!
Иди́те пря́мо! Иди́те напра́во! Иди́те нале́во! Пиши́те!

Allez ! - Allez à gauche ! - Allez à droite ! - Allez tout droit !
Excusez-moi ! - Dites-moi ! - Ecrivez ! - Ecoutez ! - Lisez !

1. De quelles villes françaises s'agit-il ?

Бордо - Париж - Безансон - Лион - Дьепп - Авиньон
Орлеан - Страсбург - Гренобль - Брест - Кемпер
Марсель - Перпиньян - Тулон - Канн - Ницца

Ecrivez les noms des villes en lettres russes:

2. Voici la carte de visite d'un représentant britannique à Moscou :

СИМПСОН энд САН лимитед
Россия
119121, Москва
Арбатский переулок, дом 2
Николас Робертсон
тел.: (007) 495 241-12-12

Quel est le nom de son entreprise ?
Trouvez la rue sur le plan (page 27)
Quel est le nom du représentant ?

Ecrivez l'adresse en lettres russes :

3. Dans la rue. Que signifie ... ?

МУЗЕЙ	МЕТРО
СТОЯНКА ТАКСИ	УЛИЦА
ТУРИЗМ	ИНТУРИСТ
КАССА	КИОСК
АВТОБУС	ПРОСПЕКТ
ПОЛИЦИЯ	РЕМОНТ
ТЕАТР	ЦЕНТР

Tourisme - Théâtre - Métro - Station de taxis - Kiosque
Bus - Rue - Centre - Avenue - Police - Réparation
Intouriste - Musée - Guichet

4. Trouvez les villes

Читáйте тóлько по-горизонтáли или по-вертикáли.
Это российские городá и городá бы́вшего Совéтского Союза.
Il s'agit de villes russes ou de l'ex-Union Soviétique.

В	Ц	У	Т	О	М	С	К	М	О	С	К	В	А
О	К	И	Е	В	У	Х	Ъ	Я	Л	Т	А	П	У
Л	П	Е	Т	Е	Р	Б	У	Р	Г	О	Я	Д	Ф
Г	М	Я	Ч	С	М	О	Л	Е	Н	С	К	Ё	А
О	И	Л	В	Л	А	Д	И	В	О	С	Т	О	К
Г	Н	О	Л	Д	Н	С	А	Р	А	Т	О	В	П
Р	С	П	Р	О	С	А	М	А	Р	А	Е	А	П
А	К	У	И	Р	К	У	Т	С	К	Ц	Ц	К	Е
Д	С	А	Р	А	Н	С	К	А	П	О	М	С	К

Kiev, Irkoutsk, Minsk, Moscou, Mourmansk, Omck, Oufa, Pétersbourg, Samara, Saransk, Saratov, Smolensk, Tomsk, Vladivostok, Volgograd, Yalta

Ecoutez le dialogue sur le CD 17

Ivan cherche le bureau de son directeur.

1. Quelle station de métro a-t-il demandée ?
2. Est-ce très loin ?
3. Dans quelle rue est-ce ? Trouvez la rue sur le plan page 27.

ГОВОРИТЕ!

1. Questions - réponses

Utilisez le plan page 27.

a. Vous vous trouvez sur la place “Арбатская”. Demandez la direction de deux ou trois endroits différents, et donnez les réponses.

б. Vous vous promenez le long de la rue Арбат, de метрó Арбатская à метрó Смолéнская. Que voyez-vous ?

- Вот это ресторáн “Прáга” ... etc.

2. Jeu de rôles

Vous êtes dans la rue. Une personne joue le rôle du touriste. L’autre joue le rôle du passant.

Touriste	**Passant(e)**
Attirez l’attention de la personne.	Répondez.
Demandez où se trouve le restaurant “Прáга”.	Répondez que c’est proche.
Demandez où il se trouve.	Répondez qu’il faut aller tout droit et puis à gauche.
Vous ne comprenez pas.	Répétez les directions.
Remerciez la personne.	Répondez.

3. Jeu de mémoire en russe

Mémorisez le plan page 32.
Puis posez-vous des questions l'un à l'autre :

– Где теа́тр?
– Пря́мо и нале́во.
– Да.

– Где метро́? Пря́мо?
– Нет. Иди́те пря́мо и напра́во.

4. Votre ville

Faites le plan d'une ville que vous connaissez ou celui d'une ville imaginaire. Indiquez les endroits suivants :

университе́т - банк - аэропо́рт
зоопа́рк - стадио́н (stade)
поликли́ника (centre médical) - метро́
теа́тр - кинотеа́тр - рестора́н

Parlez de votre ville avec votre professeur et avec les autres membres du groupe.

5. Он / она́ / оно́

Répétez l'exercice 4 page 24, mais ajoutez des substantifs neutres - вино́, такси́, метро́.
Где вино́? - Вот оно́!

6. Вы зна́ете Пари́ж?

Utilisez la liste de villes page 33. Posez des questions pour savoir si les autres personnes de votre groupe connaissent ces différentes villes :
Вы зна́ете Пари́ж? - Да, я зна́ю Пари́ж.

7. Les chiffres

Ecrivez les nombres de 0 à 10 sur le tableau.
Une personne se met à côté du tableau.
Le professeur / les autres étudiants disent un nombre.
La personne qui se tient près du tableau montre quel nombre il a entendu.

8. Utilisez les images de la page 25 pour travailler les nombres de 1 à 10.

– Но́мер два, что э́то?
– Это телефо́н!
– Но́мер четы́ре, э́то па́спорт и́ли ви́за?
– Это па́спорт.

9. Utilisez des photos ou des cartes postales de villes russes pour travailler и́ли - " ou "

– Это Москва́ и́ли Санкт-Петербу́рг?
– Это Москва́!
– А э́то?
– Я не зна́ю!

Vous trouverez des photos de Saint-Pétersbourg à la page 128.

МОСКВА

www

Большо́й теа́тр

Улица Арба́т

Коло́менское

Бе́лый дом

Моско́вское метро́

Лубя́нка

Магази́н ГУМ

Храм Васи́лия Блаже́нного

Le théâtre Bolchoï	La rue Arbat
Kolomenskoïe	La Maison Blanche
Le métro de Moscou	La Loubianka
GOUM	La cathédrale de Basile-le-Bienheureux

Ivan arrive chez Zoya Petrovna, où il retrouve Ludmila. Il ne sait pas où dormir ce soir. Vous allez apprendre les mots et les expressions dont vous aurez besoin quand vous rencontrerez des amis russes.

La partie **Грамма́тика** comprend :

- ❑ le génitif des substantifs masculins et féminins au singulier ;
- ❑ la règle d'orthographe pour les lettres **ы** et **и** ;
- ❑ les prépositions **из**, **от**, **до**, **для** et **у**, qui sont suivies par le génitif ;
- ❑ le génitif après **нет** et après les chiffres 2, 3, 4 ;
- ❑ les différentes formes des chiffres **оди́н** et **два** ;
- ❑ des mots étrangers qui ne changent jamais de terminaison ;
- ❑ les expressions **мо́жно** et **нельзя́**.

La partie **Информа́ция** traite de la façon de nommer les personnes en russe.

Après avoir étudié la leçon, vous serez capable :

- ❑ de comprendre le système russe des noms de personnes et de reconnaître les trois noms : prénom, patronyme et nom de famille ;
- ❑ de reconnaître le vocabulaire de la famille.

Page 129, vous trouverez un texte supplémentaire sur les aventures d'Igor à Saint-Pétersbourg, et un poème "**Краси́вый го́род Петербу́рг!**"

Le cahier de l'étudiant Ruslan 1 contient 20 exercices supplémentaires pour cette leçon dont 3 exercices audio.

Семья́ царя́ Никола́я II

19 Chez les Zvonov. On sonne

Зо́я Петро́вна: Сейча́с... сейча́с.
Ива́н: Здра́вствуйте. Вы Зо́я Петро́вна?
Зо́я Петро́вна: Да. А вы кто?
Ива́н: Я Ива́н Козло́в.
Зо́я Петро́вна: Ах, Ива́н... Вы пря́мо из аэропо́рта? Как хорошо́! Здра́вствуйте! Ива́н, э́то Людми́ла.
Людми́ла: Очень прия́тно.
Ива́н: Что? Людми́ла? Это вы?!
Зо́я Петро́вна: Как!? Лю́да? Вы знако́мы?
Людми́ла: Да нет! Я зна́ю то́лько, что Ива́н бизнесме́н.
Ива́н: А я зна́ю, что Людми́ла тури́стка и журнали́стка.
Зо́я Петро́вна: Что? Журнали́стка?
Людми́ла: Зо́я Петро́вна, а мо́жно ко́фе?
Зо́я Петро́вна: Да-да, коне́чно, я сейча́с...

20 Иван и Людмила

Ива́н: Так вас зову́т Людми́ла?!
Людми́ла: Да, меня́ зову́т Людми́ла. А вас зову́т Ива́н.
Ива́н: А скажи́те, Людми́ла, вы из Москвы́?
Людми́ла: Да, а вы?
Ива́н: Я не из Москвы́. Я из Сара́нска.
Людми́ла: Сара́нск? Где э́то? Далеко́ от Москвы́?
Ива́н: Не о́чень далеко́. Так вы зна́ете Вади́ма?!
Людми́ла: Да, о́чень хорошо́ зна́ю.
Ива́н: Понима́ю.

21 Le café arrive

Зо́я Петро́вна: Вот, пожа́луйста, ко́фе.
Людми́ла: Спаси́бо.
Ива́н: А мне нельзя́ ко́фе. У меня́ от ко́фе аллерги́я. Мо́жно мне чай? ... А э́то, Зо́я Петро́вна, для вас.
Зо́я Петро́вна: Для меня́? Что э́то?
Ива́н: Сувени́р из Ло́ндона.
Зо́я Петро́вна: Спаси́бо, Ива́н. Что это? Кни́га? Очень хорошо́!
Ива́н: Зо́я Петро́вна, мо́жно мне останови́ться у вас до среды́?
Зо́я Петро́вна: Нет, Ива́н, извини́те, нельзя́. Понима́ете, здесь сейча́с Лю́да и Вади́м, а у меня́ то́лько три ко́мнаты.
Людми́ла: Зна́ете, Ива́н, гости́ница Марс не о́чень далеко́.

Zoya Petrovna est curieuse

22

Зóя Петрóвна:	Ивáн, э́то ваш билéт?
Ивáн:	Нет, не мой.
Людми́ла:	Это билéт Вади́ма.
Зóя Петрóвна:	А э́то?
Ивáн:	Это, кáжется, билéт Людми́лы.

сейчáс	un instant, tout de suite
кто	qui
из	de (venant de)
как	comment
óчень	très
прия́тный	aimable, agréable
Очень прия́тно!	Enchanté(-e) (lors de présentations)
знакóмы	connu
Вы знакóмы	Vous vous connaissez
тóлько	seulement
что	que / quoi
мóжно	possible
кóфе (n. / m.)	café (boisson)
так	donc
вас	vous (objet)
меня́	moi (objet)
Вас зовýт ...	Vous vous appelez ...
Меня́ зовýт ...	Je m'appelle ...
мне (datif)	pour moi
нельзя́	interdit
у меня́	j'ai
от	de (provenance)
аллерги́я	allergie
чай	thé
для	pour
кни́га	livre
у вас	chez vous / vous avez
останови́ться	rester
до	jusqu'à
средá	mercredi
кóмната	salle
гости́ница	hôtel
кáжется	il semble

семья́	**la famille**
сестрá	sœur
брат	frère
сын	fils
дочь	fille
муж	mari
женá	femme
мать	mère
отéц	père
рóдственник	parent
рóдственница	parente
племя́нник	neveu
племя́нница	nièce
бáбушка	grand-mère
дéдушка	grand-père
внук	petit-fils
внýчка	petite-fille
тётя	tante
дя́дя	oncle

Вас зовýт ... - Vous vous appelez ... (On vous appelle...)
Меня́ зовýт ... - Je m'appelle ... (On m'appelle...)
Pour demander comment s'appelle quelqu'un, on dit Как? - “Comment ?”
Как вас зовýт? - Comment vous appelez-vous ?
Меня́ зовýт Иван - Je m'appelle Ivan.

On n'utilise "Меня́ зовýт ..." et " Вас зовýт ... " que pour demander le prénom et le patronyme. Pour demander un nom de famille on dit :
Как вáша фами́лия? Quel est votre nom de famille ?
Моя́ фами́лия Леблан. Mon nom est Leblanc.

Le génitif au singulier

Les Russes n'ont pas de mot "de" dans le sens "Le billet de Vadim". Ceci est exprimé par le génitif.

Это билéт Вади́ма.	C'est le billet de Vadim.
Это билéт Людми́лы.	C'est le billet de Ludmila.

Au génitif, les substantifs masculins ont la terminaison -а ou -я :

Ивáн devient Ивáна, Сергéй devient Сергéя.

Les substantifs féminins en -а changent -а en -ы ou -и :

Людми́ла devient Людми́лы, Натáша devient Натáши.

Les substantifs féminins en -я changent -я en -и :

Тáня devient Тáни.

> **Règle d'orthographe**
> ы ne peut pas suivre : г, ж, к, х, ч, ш, ou щ. Il est remplacé par и.
> Le génitif de Натáша est donc Натáши.

Les pronoms personnels se déclinent aussi. я devient меня́, вы devient вас.

Это для вас. C'est pour vous.

Le génitif après certaines prépositions

из	Ивáн из Сарáнска.	Ivan vient de Saransk.
от	далекó от Москвы́	loin de Moscou
до	До Лóндона далекó.	Londres, c'est loin.
	до среды́	à mercredi
для	сувени́р для вас	un souvenir pour vous
у	У меня́ билéт.	J'ai un billet.
у вас		vous avez / chez vous
с	с чáса	à partir d'une heure

Le génitif pour exprimer une possession

Le verbe "avoir" s'utilise rarement dans le russe de tous les jours. Il vaut mieux utiliser у suivi du génitif. On reviendra sur ce point dans la leçon 5.

у меня́ - j'ai	у Ивáна - Ivan a
у вас - vous avez	у Ни́ны - Nina a

Le génitif après нет

Здесь нет гости́ницы. - Ici il n'y a pas d'hôtel.

У меня́ нет вóдки. - Je n'ai pas de vodka.

Le génitif avec les nombres 2, 3, 4

два телефóна - deux téléphones   три кóмнаты - trois pièces

четы́ре чемодáна - quatre valises

оди́н possède une forme féminine et une forme neutre

оди́н билéт - un billet   однá ви́за - un visa   однó метрó - un métro

два possède une forme féminine

две кóмнаты - deux salles

L'accusatif animé
Les terminaisons de l'accusatif des substantifs masculins animés sont les mêmes que celles du génitif. (Voir "Ruslan 2", leçon 8).

Вы зна́ете Вади́ма? Connaissez-vous Vadim ?

Mots d'origine étrangère
Beaucoup de mots d'origine étrangère sont invariables :

бюро́, кино́, метро́, ра́дио, такси́ sont neutres, е́вро est masculin.
ко́фе - "café" (la boisson) était autrefois masculin mais une loi de 2009 établit que ce mot doit plutôt être consideré comme neutre.

Les expressions мо́жно et **нельзя́** sont utilisées avec мне et вам et avec d'autres mots au datif (Leçon 9).

мне мо́жно - je peux (il m'est possible)
вам нельзя́ - vous ne pouvez pas (il vous est interdit)

ИНФОРМАЦИЯ

Les Russes ont trois noms

le prénom - и́мя
le patronyme - о́тчество
le nom de famille - фами́лия.

Par exemple : Влади́мир Влади́мирович Пу́тин et sa femme, Людми́ла Алекса́ндровна Пу́тина

Le prénom - и́мя - se termine par une consonne ou par -й ou -ь pour les hommes, et par -а, -я, -ия ou -ь pour les femmes.

Le patronyme - о́тчество - est formé à partir du prénom du père. Pour un homme ajoutez -ович ou -евич. Pour une femme ajoutez -овна ou -евна.
Влади́мир Влади́мирович Пу́тин - Vladimir, fils de Vladimir, Poutine
Людми́ла Алекса́ндровна Пу́тина - Ludmila, fille d'Alexandre, Poutina

Les noms de famille - фами́лия - ont les terminaisons suivantes :
Homme : -ов, -ёв, -ев, -ин, -о́й ou -ский
Femme : -ова, -ёва, -ева, -ина, -ая ou -ская

Андре́ев / Андре́ева Каре́нин / Каре́нина
Козло́в / Козло́ва Ма́йский / Ма́йская

Les noms avec d'autres terminaisons ne se déclinent pas, et la version féminine n'ajoute pas de -а. Ces noms sont souvent d'une autre nationalité :

Громы́ко, Шевче́нко, Шеварна́дзе, Ко́рбут, Буре́

Dans des situations formelles, il est habituel d'utiliser le prénom et le patronyme : Влади́мир Влади́мирович, Людми́ла Алекса́ндровна

Souvent dans des situations informelles, le prénom est remplacé par un diminutif (affectif). On peut avoir plusieurs diminutifs.
Людми́ла possède les diminutifs : Лю́да, Лю́дочка, Ми́ла, Ми́лочка, Лю́ся.
Сергей possède les diminutifs : Серёжа, Серёга, Серёженька.

1. Vrai ou faux, selon les dialogues ?

а. Ива́н Козло́в - бизнесме́н. Да / Нет
б. Ива́н из Москвы́. Да / Нет
в. Людми́ла из Сара́нска. Да / Нет
г. Зо́я Петро́вна из Ло́ндона. Да / Нет
д. Сара́нск о́чень бли́зко от Москвы́. Да / Нет
е. У Людми́лы от ко́фе аллерги́я. Да / Нет
ж. Сувени́р из Ло́ндона для Вади́ма. Да / Нет

2. Далеко́ и́ли бли́зко?

а. Сара́нск далеко́ от Москвы́? Да / Нет / Не о́чень
б. Новосиби́рск далеко́ от Москвы́? Да / Нет / Не о́чень
в. Хаба́ровск далеко́ от Владивосто́ка? Да / Нет / Не о́чень
г. Минск далеко́ от Смоле́нска? Да / Нет / Не о́чень
д. Бирминге́м далеко́ от Ло́ндона? Да / Нет / Не о́чень
Posez d'autres questions sur d'autres villes.

3. Choisissez la réponse correcte

а. _______ мне ко́фе? Мо́жно / Очень
б. Я вас не _________. понима́ю / понима́ете
в. Скажи́те, у _____ моя́ су́мка? вам / вас
г. Вы хорошо́ _______ Ло́ндон? зна́ю / зна́ете
д. У меня́ нет ______. ви́за / ви́зы
е. Это далеко́ от ______________. гости́ница / гости́ницы
ж. Я не зна́ю, как ______ зову́т. вам / вас
з. Биле́т_____ меня́? для / у
Нет, он для _______. ма́ма / ма́мы

4. Арифме́тика

а. Два плюс два?
б. Три плюс четы́ре?
в. Де́сять ми́нус оди́н?
г. Пять ми́нус два?
д. Шесть ми́нус два, ми́нус четы́ре?

Inventez d'autres exemples de calcul et faites les questions-réponses par groupes de deux. Assurez-vous que les réponses ne dépassent pas 10 !

Дми́трий Анато́льевич Медве́дев и Влади́мир Влади́мирович Пу́тин.

1. La famille de Zoya Petrovna

Etudiez les prénoms et patronymes pour compléter le tableau :

Тама́ра Серге́евна + 1

Зо́я Петро́вна + 2 — 3 + Никола́й Ви́кторович

(3 + Никола́й Ви́кторович) → 4

(Зо́я Петро́вна + 2) → Вади́м Бори́сович — 5 + Па́вел Андре́евич

(5 + Па́вел Андре́евич) → 6

Мари́на Па́вловна
Гали́на Бори́совна
Ива́н Никола́евич
Ни́на Петро́вна
Бори́с Влади́мирович
Пётр Степа́нович

2. "КЛУБ ВСТРЕЧ" (Club de rencontres) www

Lisez les annonces. Quelles rencontres imaginez-vous?

> Меня зовут Елена. Мне 28 лет. Я из Волгограда. Люблю кино, театр, спорт. Я оптимистка. Мой телефон: 63-02-45.

> Мне 35 лет. Я из Подольска, недалеко от Москвы. Люблю театр, балет и кино. Адрес: г. Подольск. Василий Нудин. Эл. почта: vnudin@mail.ru

> Мне 30 лет. Я журналистка. Мои интересы: балет, опера, театр и классическая музыка.
> г. Москва,
> Почта: Ivanova267@rambler.ru
> Иванова Мария Алексеевна.

> Меня зовут Егор. Я из Волково (недалеко от Волгограда). Я профессиональный спортсмен-футболист. Я люблю кино. Тел:(351) 84-16-75

Мне 28 лет	- J'ai 28 ans
эл. по́чта (электро́нная по́чта)	- courriel
я люблю́	- j'aime

ПИШИТЕ!

Ecrivez en lettres russes:

Deux prénoms d'homme : ______________________

____

Deux prénoms de femme : ______________________

____

Deux patronymes d'homme : ______________________

____

Deux patronymes de femme : ______________________

____

СЛУШАЙТЕ!

23 **Ecoutez le dialogue sur le CD**
Ludmila parle avec Zoya Petrovna au sujet d'Ivan.

1. Quelle est la relation entre Ivan et Zoya Petrovna ?
2. D'où Zoya Petrovna est-elle originaire ?
3. Quel est le prénom de sa soeur ?
4. Ivan et Vadim se connaissent-ils ?

ГОВОРИТЕ!

1. Как вас зову́т?

Donnez-vous des prénoms, des patronymes et des noms de famille russes.

Demandez-vous les uns aux autres comment vous vous appelez.

– Как вас зову́т?
– Меня зову́т Ива́н Петро́вич.
– А как ва́ша фами́лия?
– Моя́ фами́лия Ивано́в.

2. Pratiquez le génitif

Faites des cartes avec des prénoms russes, un prénom sur chaque carte. Faites comme si c'était des billets de train. Une personne du groupe distribue les cartes, et les autres doivent dire à qui appartient le billet qu'ils ont reçu.

– Это биле́т Ната́ши!
– Это биле́т Ива́на!

Бори́с - Ива́н - Степа́н - Оле́г - Вади́м - Макси́м - Ири́на
Анна - Ната́ша - Ла́ра - Ни́на - Тама́ра - Людми́ла

3. Questions sur le dessin page 39

Donnez aux gens des prénoms russes.
Faites des spéculations au sujet de leurs relations.

– Это Анна. И э́то Ири́на.
– Да.
– Это муж Анны?
– Нет. Это муж Ири́ны.

4. Го́род «Нет»

Posez des questions sur une ville sans trop d'aménagements !

– Где гости́ница?
– Здесь нет гости́ницы!
– Где рестора́н?
– Здесь нет рестора́на!

5. Jeu de rôles (par deux)

Vous êtes l'interprète d'un visiteur russe en France qui doit rencontrer un groupe de Français. Il s'agit de :

Michel Le Brun, journaliste, de Lyon.
Bernard Dalis, homme d'affaires, de Lille.
Marie Rousset, étudiante, de Paris.
Odile Saunier, journaliste, de Toulouse.

Préparez le visiteur à la rencontre en expliquant qui est qui.
Prononcez le nom des villes françaises avec un accent russe.
Ajoutez d'autres exemples.

6. Jeu de communication

Donnez aux membres du groupe un prénom russe.
Préparez quelques objets :

па́спорт - кассе́та - вино́ - во́дка лимона́д - биле́т - су́мка - сувени́р

Une personne sort de la salle de classe. Les autres décident à qui appartient chaque objet. La personne revient et doit deviner à qui appartiennent les différents objets, en utilisant le génitif :

– Это па́спорт Бори́са?
– Нет, э́то не мой па́спорт!

– Это вино́ Ната́ши?
– Да, э́то моё вино́!

Сувени́р из Москвы́

LEÇON 4	ГДЕ ВЫ БЫЛИ?	УРОК 4

Toujours chez Zoya Petrovna, Ivan fait la connaissance de Vadim. Dans cette leçon vous allez découvrir la formation du passé des verbes, qui n'est pas compliquée en russe.

La partie **Грамма́тика** comprend :

- ❑ des infinitifs avec les terminaisons **-ать**, **-ить** et **-еть** ;
- ❑ le présent du verbe **знать** - “savoir” / “connaître” ;
- ❑ les règles de base du passé ;
- ❑ le passé de plusieurs verbes, surtout le verbe **быть** - “être” ;
- ❑ le locatif avec **в** et **на** ;
- ❑ le génitif des substantifs féminins avec la terminaison **-ия** ;
- ❑ l'usage de **ты** - “tu”.

Vous allez apprendre :

- ❑ les nombres de 10 à 100 ;
- ❑ les mois de l'année.

Après avoir étudié la leçon, vous serez capable :

- ❑ de dire quelles langues vous parlez et quels pays vous avez visités ;
- ❑ d’écrire une lettre simple au passé.

La partie **Информа́ция** traite de Moscou et des provinces, des fêtes nationales russes, du Nouvel An et de Noël en Russie.

Page 130, vous trouverez un texte supplémentaire au sujet d’Anton et Véra, et une chanson “**Из аэропо́рта в центр**” - “De l’aéroport au centre”.

Le cahier de l'étudiant Ruslan 1 contient 19 exercices supplémentaires pour cette leçon dont 3 exercices audio.

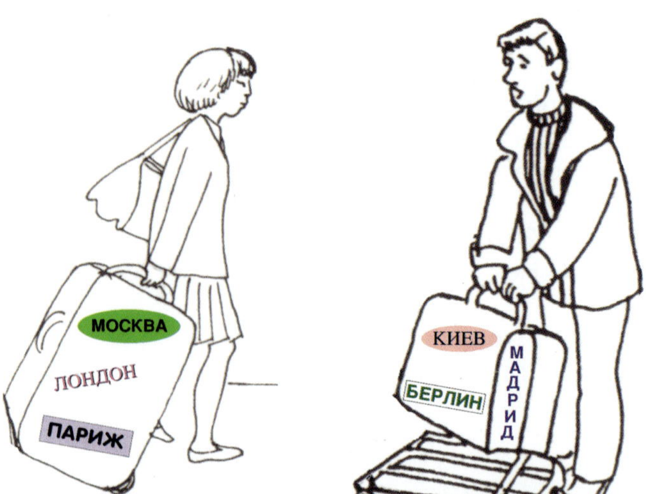

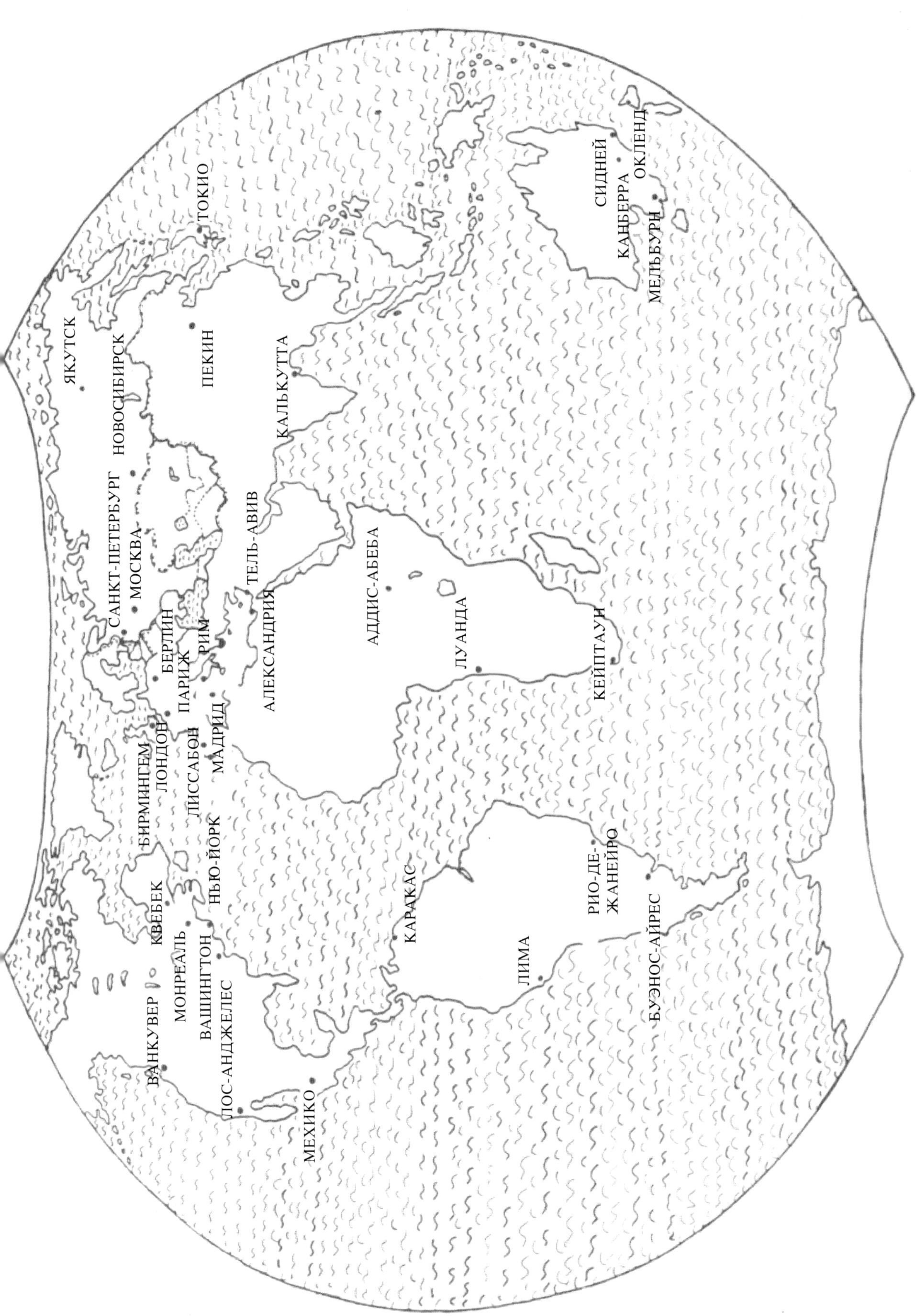
ЯКУТСК
НОВОСИБИРСК
САНКТ-ПЕТЕРБУРГ
МОСКВА
БЕРЛИН
ПАРИЖ
РИМ
ЛОНДОН
БИРМИНГЕМ
ЛИССАБОН
МАДРИД
ТОКИО
ПЕКИН
КАЛЬКУТТА
ТЕЛЬ-АВИВ
АЛЕКСАНДРИЯ
АДДИС-АБЕБА
ЛУАНДА
КЕЙПТАУН
СИДНЕЙ
КАНБЕРРА
ОКЛЕНД
МЕЛЬБУРН
КВЕБЕК
МОНРЕАЛЬ
НЬЮ-ЙОРК
ВАШИНГТОН
ВАНКУВЕР
ЛОС-АНДЖЕЛЕС
МЕХИКО
КАРАКАС
ЛИМА
РИО-ДЕ-ЖАНЕЙРО
БУЭНОС-АЙРЕС

25 **Chez les Zvonov**

Зо́я Петро́вна:	Так вы сего́дня пря́мо из Ло́ндона? А что вы там де́лали? Рабо́тали?
Ива́н:	Да, я рабо́тал. А что вы там де́лали, Людми́ла?
Людми́ла:	Я уже́ говори́ла!

26 **On sonne**

Зо́я Петро́вна:	Я ду́маю, что э́то Вади́м. Я сейча́с!
Зо́я Петро́вна:	Вади́м, проходи́ скоре́е, смотри́, кто у нас.
Вади́м:	Людми́ла! Вот э́то сюрпри́з! А мы вас сего́дня не жда́ли.
Зо́я Петро́вна:	Мы жда́ли вчера́.
Людми́ла:	Вот как?!
Вади́м:	Ну, я о́чень рад вас ви́деть.
Людми́ла:	Я то́же о́чень ра́да.

27

Зо́я Петро́вна:	Вади́м, э́то Ива́н.
Вади́м:	Ива́н?
Зо́я Петро́вна:	Ива́н Козло́в, из Сара́нска.
Вади́м:	Ах, ну да, коне́чно. Ива́н Козло́в из Сара́нска. Коне́чно. Очень прия́тно! Сара́нск. Да, слы́шал. Столи́ца Мордо́вии, да? Это далеко́?
Ива́н:	Не о́чень далеко́. Три́дцать часо́в на по́езде.*
Людми́ла:	Ива́н был в Ло́ндоне.
Вади́м:	В Ло́ндоне? А что вы там де́лали?
Ива́н:	Рабо́тал. У меня́ была́ командиро́вка в Ло́ндон.
Вади́м:	Очень интере́сно! Бизнесме́н из Сара́нска рабо́тает в Ло́ндоне?!

* Ivan s’est trompé. Le train de Moscou à Saransk ne prend que 15 heures. Пятна́дцать часо́в на по́езде. (ed.)

28

Зóя Петрóвна: Вади́м, ты сегóдня обéдал?
Вади́м: Да. Обéдал. Так вы бизнесмéн?! Это óчень интерéсно! А что вы дéлаете в Москвé?
Ивáн: У меня́ здесь тóже рабóта.
Вади́м: Навéрно, вы миллионéр. У вас фи́рма в Москвé, и сегóдня вы пря́мо из Лóндона ... Очень интерéсно! А я Вади́м Бори́сович Звóнов. Кинокри́тик. Вот, пожáлуйста, моя́ визи́тка. А вы, прости́те?
Ивáн: Ивáн Николáевич Козлóв.
Вади́м: Очень рад, Ивáн Николáевич. Бизнесмéн, миллионéр из Сарáнска. Прекрáсно! А где ещё вы бы́ли? В Вашингтóне? В Нью-Йорке? В Тóкио?
Зóя Петрóвна: Лю́да! Вади́м! Ивáн! Иди́те обéдать!
Людми́ла: С удовóльствием, Зóя Петрóвна.
Вади́м: Ивáн Николáевич, проходи́те, пожáлуйста. А скажи́те, вы говори́те по-англи́йски?

быть	être
так	donc
сегóдня (prononcé “sivodnya”)	aujourd'hui
дéлать	faire
рабóтать	travailler
ужé	déjà
говори́ть	dire / parler
дýмать	penser
Проходи́(те)!	Entre! (Entrez!)
скорée	plus vite
Смотри́(те)!	Regarde! (Regardez!)
сюрпри́з	une surprise
мы	nous
вас	vous (objet)
ждать	attendre
вчерá	hier
Вот как!	Vraiment !
ну	eh bien !
рад / рáда	heureux / heureuse
ви́деть	voir
тóже	aussi
слы́шать	écouter
слы́шал	j'ai entendu (parler de ça)
столи́ца	capitale
Мордóвия	la Mordovie
три́дцать часóв	trente heures
на пóезде	en train
командирóвка	voyage d'affaires
интерéсно	intéressant
ты	tu
обéдать	déjeuner
рабóта	travail
навéрно	probablement
миллионéр	millionnaire
фи́рма	entreprise
кинокри́тик	critique de cinéma
визи́тка	carte de visite
Прости́те!	Excusez (-moi)!
прекрáсно	merveilleux
ещё	encore
Иди́те!	Allez! (à pied)
с удовóльствием	avec plaisir
по-англи́йски	en anglais

Рýсские бизнесмéны

Moscou et les villes de province. Saransk
Vivre à Moscou est un grand privilège. Les autres villes, à l'exception de Saint-Pétersbourg et peut-être de quelques autres, sont parfois considérées comme des provinces. Saransk, qui a une population de 350 000 habitants, se situe au sud-est de Moscou. C'est la capitale de la république de Mordovie. A Saransk, vous trouverez la plus grande usine en Europe de production de lampes électriques.

Les nombres de 10 à 100

www

10	де́сять
11	оди́ннадцать
12	двена́дцать
13	трина́дцать
14	четы́рнадцать
15	пятна́дцать
16	шестна́дцать
17	семна́дцать
18	восемна́дцать
19	девятна́дцать
20	два́дцать
21	два́дцать оди́н
22 etc.	два́дцать два ...
30	три́дцать
31 etc.	три́дцать оди́н ...
40	со́рок
50	пятьдеся́т
60	шестьдеся́т
70	се́мьдесят
80	во́семьдесят
90	девяно́сто
100	сто

Les mois de l'année

www

янва́рь
февра́ль
март
апре́ль
май
ию́нь
ию́ль
а́вгуст
сентя́брь
октя́брь
ноя́брь
дека́брь

Коло́менское в январе́

ГРАММАТИКА

Les infinitifs
Beaucoup d'infinitifs en russe ont la terminaison -ать, -ить ou -еть :
де́лать - "faire"   говори́ть - "parler"   ви́деть - "voir"

Le présent du verbe знать - "savoir" / "connaître"

я зна́ю	je sais / je connais
ты зна́ешь	tu sais
он зна́ет	il sait
она́ зна́ет	elle sait
мы зна́ем	nous savons
вы зна́ете	vous savez
они́ зна́ют	ils savent

Verbe de la 2-ème classe - page 150. Beaucoup de verbes dont l'infinitif est en -ать ont la même conjugaison.

Le passé
Pour former le passé, remplacez la terminaison de l'infinitif -ть par :

-л	si le sujet est masculin,
-ла	si le sujet est féminin,
-ло	si le sujet est neutre,
-ли	si le sujet est au pluriel.

Ивáн не рабóтал вчерá.	Ivan n'a pas travaillé hier.
Людми́ла уже обéдала.	Ludmila a déjà déjeuné.
Что вы там дéлали?	Que faisiez-vous là ?

Le passé du verbe быть - "être"
Ce verbe n'est pas utilisé au présent. Mais l'usage au passé est régulier :

Masculin	-	он / я / ты был
Féminin	-	онá / я / ты былá
Neutre	-	онó бы́ло
Pluriel	-	они́ / мы / вы бы́ли

Вади́м был в теáтре.	Vadim a été au théâtre.
Людми́ла былá в Лóндоне.	Ludmila a été à Londres.
Вы бы́ли в Вашингтóне?	Avez-vous été à Washington?

Le locatif (prépositionnel)
Le locatif (prépositionnel) est utilisé avec в et на dans le sens "se trouver". C'est une réponse à la question где? - "où?" (absence de mouvement).

La plupart des substantifs ont la terminaison du locatif -е, qui est ajoutée aux mots masculins, ou qui remplace la terminaison féminine -а ou -я :

Где ваш билéт?	В су́мке.
Где Эрмитáж?	В Петербу́рге.
Где ресторáн?	На Арбáте.

Les noms masculins qui se terminent par -ь remplacent ce -ь par -е :
июнь в июне

Les noms féminins qui se terminent par -ь ont la terminaison du locatif -и :

Пермь	в Перми́ (une ville en Russie centrale)
плóщадь	на плóщади

Les substantifs féminins en -ия ont la terminaison du locatif -ии :
Росси́я в Росси́и

Столи́ца Мордóвии - La capitale de la Mordovie
Les substantifs féminins en -ия ont la terminaison du génitif -ии.

Ты и вы
Exactement comme "tu" et "vous" en français.
Мóжно на ты? Peut-on se tutoyer ?

Смотри́! - Regarde !
Les impératifs de la forme ты n'ont pas de terminaison -те.
Notez aussi : Здрáвствуй! - la forme familière de Здрáвствуйте!

1. Trouvez la bonne réponse selon les dialogues

а. Что де́лал Ива́н в Ло́ндоне?
б. Людми́ла была́ в Ло́ндоне?
в. Ива́н из Москвы́?
г. Ива́н был в Ло́ндоне?
д. Вади́м обе́дал сегодня?

Нет, он из Сара́нска.
Да, он обе́дал.
Он рабо́тал.
Да, она́ была́ в Ло́ндоне.
Да, он был в Ло́ндоне.

2. Remplissez les blancs

а. Большо́й теа́тр __________ Москвы́.
б. У Ива́на __________ три сувени́ра.
в. Сего́дня я обе́даю __________.
г. До Сара́нска 15 часо́в __________.

в чемода́не
на по́езде
в це́нтре
в рестора́не

3. Remplissez les blancs

а. Где вы __________ вчера́?
б. Вади́м не __________ в Ло́ндоне.
в. Зо́я Петро́вна то́же не __________ в Ло́ндоне.
г. Он уже́ __________ в Ло́ндоне и в То́кио.
д. Вчера́ мы __________ в рестора́не.

был
была́
бы́ли

е. Что вы __________ в Ло́ндоне?
ж. Вы __________ вчера́?
з. Он __________, что я __________ в Сара́нске.
и. Я __________ вас в рестора́не.

рабо́тали
был
знал
де́лали
ждал

4. Ива́н и Людми́ла. Mettez le dialogue au passé

Ива́н: Что вы де́лаете в Ло́ндоне? __________

Людми́ла: Я рабо́таю. __________

Ива́н: А где в Ло́ндоне вы рабо́таете? __________

Людми́ла: Я рабо́таю в це́нтре. __________

Ива́н: А где вы живёте? __________

Людми́ла: Я живу́ в гости́нице. __________

5. Mettez le verbe à la forme correcte du présent

а.	Я не __________, где у́лица Че́хова.	знать
б.	Вы ___________, что Ива́н миллионе́р?	ду́мать
в.	Где вы ___________ сего́дня?	обе́дать
г.	Он ____________ в теа́тре.	рабо́тать
д.	Они не ____________ по-англи́йски.	понима́ть
е.	Ты ____________, где она́ ____________?	знать, рабо́тать
ж.	Мы ____________ в рестора́не.	обе́дать

ЧИТАЙТЕ!

Официа́льные пра́здники Росси́йской Федера́ции

1. Quels mois ont le plus de fêtes officielles ?
2. Quelles fêtes russes sont les mêmes que chez vous ?

www

НАЦИОНАЛЬНЫЕ ПРАЗДНИКИ

Но́вый год и Рождество́	1-8 января́
День защи́тника Оте́чества	23 февраля́
Междунаро́дный же́нский день	8 ма́рта
Пра́здник Весны́ и Труда́	1 ма́я
День Побе́ды	9 ма́я
День Росси́и	12 ию́ня
День наро́дного еди́нства	4 ноября́

национа́льный	national
пра́здник	jour de fête
но́вый	nouveau
год	an
Но́вый год	le Nouvel An
Рождество́	Noël
день	jour
защи́тник	défenseur
оте́чество	Patrie
междунаро́дный	international
же́нский	de femme (adj.)
весна́	printemps
труд	travail
побе́да	victoire
наро́дный	du peuple (adj.)
еди́нство	unité

День Побе́ды

Les Russes suivent le calendrier orthodoxe : Noël est fêté le 7 janvier, et l'anniversaire de la révolution d'octobre est au mois de novembre !

29 **Ecoutez la conversation entre Ludmila et Vadim**

1. Vadim est-il sûr qu'Ivan est riche ?
2. Vadim est-il millionnaire ?
3. Dans quel hôtel Ludmila est-elle descendue à Londres ?

ЧИТАЙТЕ И ПИШИТЕ!

Ludmila a reçu cette lettre. Ecrivez sa réponse

30

Ресторан „Прага". Суббота.

Людмила!
Где Вы были? Я долго ждал сегодня в ресторане.
Может быть, Вы забыли?
Может быть, Вы работали?
Пожалуйста, позвоните.
Ваш Степан.

забы́ть - oublier
до́лго - longtemps
мо́жет быть - peut-être

Demandez pardon, dites que vous avez oublié. Vous travailliez à Paris.

1. **Questions et réponses sur la carte du monde page 49**
Quelles villes pouvez-vous identifier ? Quelles villes avez-vous visitées ? Conversations par deux :

– Вы бы́ли в Мадри́де?
– Нет, я не́ был в Мадри́де.

> La plupart des villes dont la terminaison n'est ni -а, -я, -ь, -й, ni une consonne, sont invariables.
> En voici des exemples :
> Ме́хико, Рио-де-Жане́йро, То́кио
> Et en France:
> Бордо́, Сен-Мало́, Монпелье́, Пуатье́, Перигё Шатору́, Нанси́, Шамбери́.
> Il existe aussi des villes avec une terminaison de pluriel, par exemple Афины - Athènes.
> Voir Ruslan 2.

2. **Conversations par deux**
Quelles villes avez-vous visitées ?

> Ло́ндон - Пари́ж - Берли́н - Санкт-Петербу́рг
> Мадри́д - Ливерпу́ль - Москва́ - Чика́го
> Бирминге́м - Амстерда́м - Нью-Йорк

– Вы бы́ли в Берли́не?
– Да, я был в Берли́не. А вы бы́ли в Амстерда́ме?
– Нет, я не была́ в Амстерда́ме.

3. **Jeu de groupe**
Formez un cercle d'environ 6 personnes. La première personne dit où il / elle était hier (dans quelle ville et où dans cette ville). La deuxième personne répète ce que la première a dit, puis ajoute sa propre phrase, et ainsi de suite jusqu'à la dernière personne.

Exemple :

Франсуа́: Я был в рестора́не в Москве́.
Мари́я: Франсуа́ был в рестора́не в Москве́, а я была́ в рестора́не в Пари́же.
Пьер: Франсуа́ был в рестора́не в Москве́, Мари́я была́ в рестора́не в Пари́же, а я был в теа́тре в Бордо́.
etc.

A la fin, travaillez par groupes de deux, en essayant de vous rappeler ce que les autres ont dit.

4. Кто миллионе́р?

Jeu de communication pour pratiquer: "Я ду́маю, что..."
Une personne sort de la salle.
Les autres décident qui est millionnaire - "Кто миллионе́р?"
La personne revient et doit deviner:

– Я ду́маю, что Мэ́ри - миллионе́р.
– Нет. Я не миллионе́р.
– Я ду́маю, что ... и т.д.

5. Les pays et les langues

Posez des questions sur les langues que l'on parle dans votre groupe :

– Вы говори́те по-италья́нски?
– Да.
– Вы хорошо́ говори́те по-италья́нски?
– Нет, не о́чень хорошо́.

Pays	**Langues**
Аме́рика	по-англи́йски
Англия	по-англи́йски
Герма́ния	по-неме́цки
Гре́ция	по-гре́чески
Ирла́ндия	по-англи́йски и по-ирла́ндски
Испа́ния	по-испа́нски
Ита́лия	по-италья́нски
Канада	по-англи́йски и по-францу́зски
Кита́й	по-кита́йски
Фра́нция	по-францу́зски
(Брета́нь)	по-францу́зски и по-брето́нски
По́льша	по-по́льски
Росси́я	по-ру́сски
Украйна	по-украйнски и по-ру́сски
(Уэ́льс)	по-англи́йски и по-валли́йски
Япо́ния	по-япо́нски

Comment parlez-vous ?	**Как вы говори́те?**
bien	хорошо́
assez bien	дово́льно хорошо́
très bien	о́чень хорошо́
pas très bien	не о́чень хорошо́
un peu	немно́жко
mal	пло́хо
terriblement mal	ужа́сно

6. Arithmétique

Posez des questions en utilisant les nombres jusqu'à 100

– Двáдцать два плюс двáдцать два? – Сóрок четы́ре!
– Три́дцать ми́нус оди́ннадцать? – Девятнáдцать!
– Сóрок два плюс три́дцать три?
– Девянóсто шесть ми́нус шестнáдцать?

– 23 + 18?
– 59 - 34?
– 77 + 12?
– 100 - 23?
и т.д.

NOEL ET LE NOUVEL AN

Les festivités d'hiver russes commencent avec le Nouvel An. À minuit, on boit du champagne autour du sapin. Le jour de l'an, les enfants reçoivent des cadeaux de la part du Père Gel et de sa petite assistante Snégourotchka, jeune fille faite de neige. Ce sont de longues vacances nationales et Noël, selon le calendrier orthodoxe, est célébré le 7 janvier. C'est une grande fête religieuse avec une messe de minuit.

L'ancien Nouvel An (le Nouvel An selon l'ancien calendrier orthodoxe) est fêté le 13 janvier !

"С Нóвым Гóдом!"
"Bonne Année !"

le Nouvel An	Нóвый Гóд
le sapin	ёлка
le champagne	шампáнское
les cadeaux	подáрки
le "Père Gel"	Дед Морóз
Snégourotchka	Снеrýрочка
Noël	Рождествó
l'ancien Nouvel An	Стáрый Нóвый Гóд
"Bonne année!"	"С Нóвым гóдом!"
"Joyeux Noël!"	"С Рождествóм!"

Ce sont des terminaisons de l'instrumental - voir leçon 10.

LEÇON 5 ГОСТИНИЦА УРОК 5

Ivan arrive à l'hôtel Mars, trouve sa chambre, et téléphone à Ludmila pour l'inviter au restaurant.

Vous allez apprendre :
- ❑ le vocabulaire nécessaire si vous descendez dans un hôtel en Russie ;
- ❑ comment demander si un restaurant etc. est ouvert - **откры́т** - ou fermé - **закры́т** ;
- ❑ les jours de la semaine.

La partie **Грамма́тика** comprend :
- ❑ les adjectifs courts ;
- ❑ la préposition **с** avec le génitif dans le sens de “à partir de” ;
- ❑ la conjugaison du verbe **говори́ть** - “parler” - au présent ;
- ❑ une explication sur les aspects imperfectif et perfectif des verbes ;
- ❑ les expressions **у меня́** et **у вас** dans le sens de “j'ai” et “vous avez”.

Après avoir étudié la leçon, vous serez capable :
- ❑ de faire une réservation dans un hôtel russe ;
- ❑ de remplir la fiche de visiteur.

La partie **Информа́ция** traite des hôtels russes et du GOUM - **ГУМ** - le “Magasin principal universel”.

Page 132, vous trouverez un texte supplémentaire sur les aventures d’Igor à Novossibirsk, et des informations sur l’hôtel “Novossibirsk”.

Le cahier de l'étudiant Ruslan 1 contient 16 exercices supplémentaires pour cette leçon dont 3 exercices audio.

Гости́ница Ба́лчуг в це́нтре Москвы́

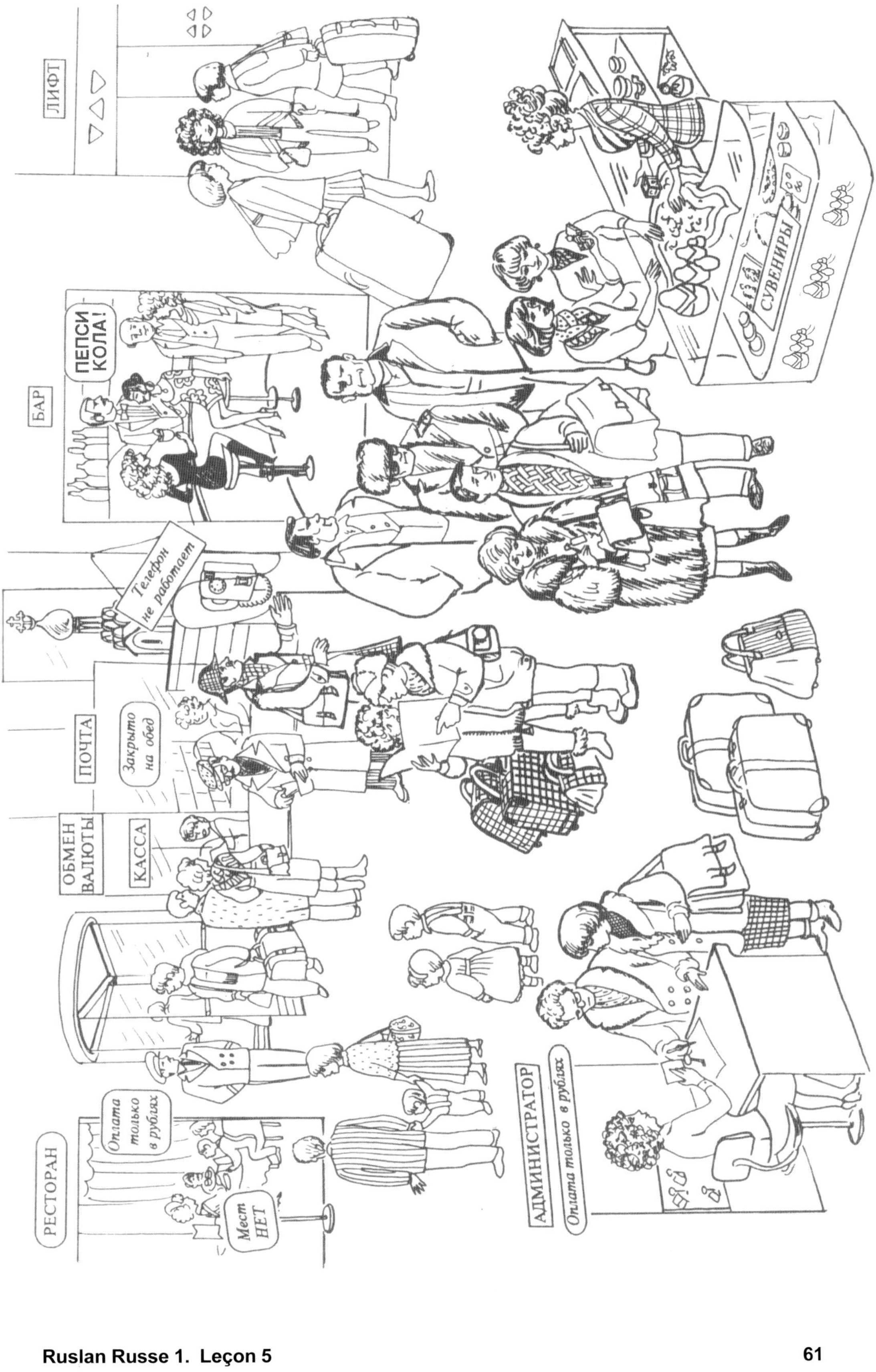
РЕСТОРАН
Оплата только в рублях
Мест НЕТ
ОБМЕН ВАЛЮТЫ
КАССА
ПОЧТА
Закрыто на обед
Телефон не работает
БАР
ПЕПСИ КОЛА!
ЛИФТ
СУВЕНИРЫ
АДМИНИСТРАТОР
Оплата только в рублях

ДИАЛОГИ УРОК 5

32 **Ива́н в гости́нице Марс**

Ива́н: Здра́вствуйте!
Администра́тор: Я вас слу́шаю.
Ива́н: Мо́жно заказа́ть но́мер?
Администра́тор: Сейча́с... да, мо́жно. Вы оди́н?
Ива́н: Да, оди́н. До пя́тницы мо́жно?
Администра́тор: До пя́тницы? Да, э́то мо́жно. Запо́лните э́тот бланк.

33 **Il remplit la fiche**

Ива́н: Вот, пожа́луйста.
Администра́тор: Хорошо́. Вы из Сара́нска, да? Вот ключ. Ва́ша ко́мната но́мер два́дцать пять. Это нале́во. У вас есть бага́ж?
Ива́н: Да, вот: чемода́н и су́мка. Скажи́те, в но́мере есть телефо́н?
Администра́тор: Коне́чно, всё есть. Телефо́н, телеви́зор, душ.
Ива́н: И всё рабо́тает?
Администра́тор: Вот э́то я не зна́ю.
Ива́н: А рестора́н есть в гости́нице?
Администра́тор: Да, рестора́н и буфе́т. В рестора́не есть бар.
Ива́н: Бар сейча́с откры́т?
Администра́тор: Нет. Он закры́т. Сейча́с уже́ по́здно.
Ива́н: Как жаль! А когда́ рабо́тает рестора́н?
Администра́тор: Рестора́н сейча́с то́же закры́т, а за́втра он откры́т с ча́са.
Ива́н: Спаси́бо. Мо́жно заказа́ть чай?
Администра́тор: Мо́жно, коне́чно. До за́втра.

34 **Типи́чный иностра́нец**

Иностра́нец: Мо́жно заказа́ть биле́т в Большо́й теа́тр?
Администра́тор: Коне́чно, но то́лько за́втра. Сего́дня ка́сса уже́ закры́та.
Иностра́нец: Хорошо́, я понима́ю, спаси́бо. А где магази́н ГУМ?
Администра́тор: ГУМ в це́нтре, напро́тив Кремля́.
Иностра́нец: Спаси́бо.

35 **Ivan téléphone à Zoya Petrovna**

Ива́н: Алло́! ... Зо́я Петро́вна? Извини́те, что я так по́здно ... А ... Лю́да у вас? ... Да, е́сли мо́жно.

Ива́н: Лю́да, я приглаша́ю вас за́втра в рестора́н. Как вы на э́то смо́трите? ... Хорошо́?! ... Ну, прекра́сно! Тогда́ здесь, в гости́нице, в час. ... Что? ... Да, рестора́н в гости́нице. До свида́ния. До за́втра.

On frappe à la porte

(36)

Ива́н:	Да?
Дежу́рная:	Прости́те, вот ваш чай.
Ива́н:	Спаси́бо.
Дежу́рная:	Пожа́луйста.
Ива́н:	Скажи́те, у вас тарака́ны есть?
Дежу́рная:	Коне́чно, нет!

администра́тор	administrateur (ici réceptionniste)
я вас слу́шаю	je vous écoute
заказа́ть (perf.)	réserver
но́мер	chambre (d'hôtel) ; numéro
оди́н	un / seul
пя́тница	vendredi
запо́лнить (perf.)	remplir
бланк	fiche
ключ	clé
У вас есть?	Avez-vous ...?
телеви́зор	télévision
душ	douche
всё	tout
буфе́т	buffet
бар	bar
за́втра	demain
откры́т	ouvert
закры́т	fermé
по́здно	Il est tard
Как жаль!	Quel dommage !
когда́	quand
час	une heure
с ча́са	à partir d'une heure

но	mais
ка́сса	caisse
магази́н	magasin
напро́тив (+ gén.)	en face de
кремль (m.)	Kremlin
Алло́!	Allô! (au téléphone)
е́сли	si
приглаша́ть	inviter
смотре́ть	regarder
Как вы на э́то смо́трите?	Que pensez-vous de ça ?
тогда́	alors / en ce cas
До свида́ния!	Au revoir !
дежу́рная	femme de service
тарака́ны	cafards

ГУМ - Гла́вный Универса́льный Магази́н
Gigantesque magasin sur la Place Rouge, le "Magasin principal universel" - ГУМ - a été totalement réorganisé depuis la perestroïka. Il est aujourd'hui occupé par un grand nombre de marques de luxe russes et internationales.

Гости́ницы
Normalement, il est nécessaire de réserver votre hôtel avant d'arriver en Russie. Dans les grandes villes il y a des hôtels internationaux. Si vous descendez dans un hôtel russe, il faut payer en arrivant.

Dans les hôtels russes il y a un **администра́тор** qui s'occupe de la réception, et une femme de service - **дежу́рная** - qui s'occupe des chambres à votre étage.

Кремль veut dire "forteresse". Il y a un kremlin dans beaucoup d'anciennes villes russes.

Моско́вский Кремль и Москва́-река́

www

Les jours de la semaine

lundi	понеде́льник
mardi	вто́рник
mercredi	среда́
jeudi	четве́рг
vendredi	пя́тница
samedi	суббо́та
dimanche	воскресе́нье

ГРАММАТИКА

До за́втра! - A demain!
сего́дня - aujourd'hui   за́втра - demain   вчера́ - hier
Ces trois mots sont invariables.

Adjectifs courts

Les adjectifs courts sont utilisés dans des phrases telles que "Le bar est fermé". Ils s'accordent avec le sujet :

Ресторáн закры́т.	Le restaurant est fermé.	Masculin
Кáсса былá откры́та.	La caisse était ouverte.	Féminin

Ресторáн откры́т с чáса - Le restaurant est ouvert à partir de 1h.

La préposition с est suivie du génitif dans le sens "à partir de" :

с чáса - à partir de 1h00
с пя́тницы - à partir de vendredi

> Voir leçon 10 pour с dans le sens "avec", suivi de l'instrumental.

в / из - на / с

Si vous utilisez в pour dire "à", utilisez из pour dire "de".

в Москвý - из Москвы́

Si vous utilisez на pour dire "à", utilisez с pour dire "de".

на вокзáл - с вокзáла

говори́ть - "parler" ou "dire" - verbe de la première classe

я говорю́	je parle / je dis
ты говори́шь	tu parles
он говори́т	il parle
онá говори́т	elle parle
мы говори́м	nous parlons
вы говори́те	vous parlez
они́ говоря́т	ils / elles parlent

> Verbe de la 1ère classe. Beaucoup de verbes en -ить ou -еть ont la même conjugaison, mais il y a souvent des changements d'accentuation (par exemple смотрéть). Voir page 150.

Les aspects des verbes

La majorité des verbes russes possèdent deux formes, imperfectif et perfectif. La plupart des verbes dans "Ruslan 1" sont de la forme imperfective, qui exprime le processus d'une action. Pour cette raison l'imperfectif est utilisé pour le présent. Exemples de formes imperfectives: **говори́ть, знать, рабóтать, смотрéть**.

Vous avez rencontré aussi quelques verbes d'aspect perfectif, dans des formes du passé ou comme infinitif: **заказáть, останови́ться** .
L'aspect perfectif exprime une action par rapport à ses limites ou sa finalité. Vous rencontrerez l'aspect perfectif plus systématiquement dans "Ruslan 2".

у меня́ есть, у вас есть

Le verbe "avoir" n'existe pas en russe parlé. On utilise "у" suivi du génitif :

У вас есть багáж?	Avez-vous des bagages?
У меня́ есть сýмка.	J'ai un sac.
У Ивáна есть телефóн.	Ivan a un téléphone.
У Людми́лы есть секрéт.	Ludmila a un secret.

Souvent, есть est omis et l'ordre des mots est inversé :

Билéт у меня́.	J'ai le billet (de train).

Pour le passé du verbe "avoir", utilisez у меня́ et у вас avec la forme nécessaire du passé du verbe быть (был / былá / бы́ло / бы́ли) :

У меня́ былá командирóвка.	J'avais un voyage d'affaires.
У Игоря был билéт.	Igor avait un billet.

УПРАЖНЕНИЯ УРОК 5

1. Questions sur les dialogues

а. Ива́н заказа́л но́мер в гости́нице Ба́лчуг?
б. В но́мере Ива́на есть телефо́н?
в. Телефо́н рабо́тает?
г. В гости́нице есть рестора́н?
д. Бар был откры́т?
е. Рестора́н был откры́т?
ж. Гости́ница была́ откры́та?
з. Ива́н заказа́л ко́фе?

2. Remplissez les blancs

а. Ива́н __________ в гости́нице.
б. В но́мере ________ телефо́н.
в. Рестора́н __________ с ча́са.
г. В гости́нице ка́сса __________ .
д. Ива́н ________ чай.
е. Вы __________ телеви́зор.
ж. Телефо́н в но́мере не __________ .
з. Администра́тор __________ на бага́ж.

закры́та
заказа́л
есть
был
смо́трит
рабо́тает
откры́т
смо́трите

3. Remplissez les blancs

Я вас ______________ в рестора́н.
Очень __________! А когда́?
За́втра, в __________ .
Хорошо́! А __________ ?
Здесь в _____________ в _____________ .

хорошо́
приглаша́ю
рестора́не
где
час
гости́нице

4. Mettez les phrases au présent

а. Ива́н смотре́л телеви́зор. ____________________
б. Бар был закры́т. ____________________
в. Зо́я Петро́вна была́ в рестора́не. ____________________
г. Ка́сса была́ закры́та. ____________________
д. Людми́ла рабо́тала в Москве́. ____________________
е. Мы зна́ли Санкт-Петербу́рг. ____________________
ж. Они не понима́ли. ____________________

Vous êtes arrivé à l'hôtel Марс. Remplissez la fiche de visiteur en lettres russes !

www

ГОСТИНИЦА МАРС - АНКЕТА ГОСТЯ

Фамилия ______________

Имя ______________

Отчество ______________

Адрес:

Почтовый индекс ______________

Город ______________

Улица ______________

Дом ______________

Гражданство ______________

Профессия ______________

Дата рождения ______________

Место рождения ______________

Номер паспорта ______________

Цель приезда ______________

Место ______________

Число ______________

Подпись ______________

анкéта	questionnaire
гость (m.)	un invité
óтчество	patronyme
почтóвый ѝндекс	code postal
гóрод	ville
дом	maison
граждáнство	nationalité
профéссия	profession
дáта	date
рождéние	naissance
мéсто	lieu
цель (f.)	but
приéзд	arrivée / visite
числó	date
пóдпись (f.)	signature

СЛУШАЙТЕ! УРОК 5

37 **Ivan téléphone à son patron. Ecoutez !**
1. Comment s'appelle le directeur d'Ivan ?
2. Quand Ivan est-il arrivé de Londres ?
3. Où se trouve l'hôtel Mars ?
4. Ivan sait-il où il doit aller demain ?
5. Qu'a écrit le patron d'Ivan ?

ГОВОРИТЕ И ПИШИТЕ!

1. Où travaillent-ils? Ecrivez!

Професси́и	**Места́ рабо́ты**
профе́ссор	~~теа́тр~~
медсестра́	больни́ца
учи́тель	цирк
~~арти́ст~~	такси́
секрета́рь	газе́та
президе́нт	Кремль
кло́ун	бюро́
журнали́ст	шко́ла
шофёр	университе́т

Le premier exemple est fait pour vous.

Notez que quand vous prononcez "в Кремле́" - "dans le Kremlin", l'accent se déplace sur la syllabe finale.
Notez que pour la lettre т il existe deux formes écrites : *т/т*
(Ici nous avons mis la première).

Артист работает в театре.

1. Jeu de rôles. Un invité et le réceptionniste

Demandez s'il est possible de réserver une chambre.	Oui, bien sûr !
Demandez s'il y a un téléphone, un poste de télévison, une douche, et demandez s'ils fonctionnent.	Choisissez vos propres réponses.
Le restaurant est-il ouvert ?	Non, il est fermé.
Le bar est-il ouvert ?	Non, il est fermé.
Est-il possible de commander un thé ?	Oui, naturellement !

2. Jeu de communication

Un jeu comme le Loto. Donnez aux étudiants une liste d'endroits dans la ville :

Ресторáн - Кáсса - Банк - Музéй
Поликлńника - Гостńница - Теáтр

Le professeur choisit trois endroits qui sont ouverts.

Les étudiants cochent trois endroits qu'ils veulent visiter, puis posent des questions au professeur. Qui a coché les trois endroits qui sont ouverts ?

– Скажńте, пожáлуйста, банк откры́т?
– Нет, банк закры́т.
– Как жаль!

– Поликлńника откры́та?
– Да. Откры́та.
– Хорошó, спасńбо.

Puis un étudiant peut remplacer le professeur.

LEÇON 6	РЕСТОРАН	УРОК 6

Ivan et Ludmila sont au restaurant de l'hôtel Mars. Pendant le repas, Vadim arrive, accompagné d'une nouvelle amie !

Vous allez apprendre :
- ❑ comment passer commande dans un restaurant russe ;
- ❑ du vocabulaire pour la nourriture et les boissons.

La partie **Грамма́тика** comprend :
- ❑ les verbes :
  хоте́ть - vouloir
  идти́ - aller (à pied) ;
- ❑ les impératifs : **да́йте**, **принеси́те**
- ❑ des substantifs neutres ;
- ❑ l'accusatif qui est utilisé pour le complément d'objet du verbe ;
- ❑ des adjectifs au nominatif ;
- ❑ le mot **како́й** - "quel" / "lequel".

La partie **Информа́ция** traite du grand poète Alexandre Pouchkine et aussi de la cuisine russe.

Page 133, vous trouverez un texte supplémentaire "**Рестора́н в Новосиби́рске**" et une chanson "**Люблю́ я борщ**" - "J'aime le bortsch".

Le cahier de l'étudiant Ruslan 1 contient 18 exercices supplémentaires pour cette leçon dont 3 exercices audio.

Блины́, вода́, вино́, во́дка и ры́ба! Des crêpes, de l'eau, du vin, de la vodka, et du poisson!

39 **В рестора́не**

Ива́н: Здра́вствуйте, Людми́ла.
Людми́ла: Здра́вствуйте.
Ива́н: Проходи́те, пожа́луйста. Хоро́ший рестора́н, пра́вда? Вот свобо́дный сто́лик. Сади́тесь, пожа́луйста.
Людми́ла: Ива́н, вы хорошо́ зна́ете Москву́?
Ива́н: Коне́чно. А вот и официа́нтка! Де́вушка!
Официа́нтка: Мину́точку!

40 **Меню́**

Ива́н: Де́вушка, мо́жно посмотре́ть меню́?
Официа́нтка: Вот, пожа́луйста, меню́.
Ива́н: Так... заку́ски: моско́вский сала́т, кра́сная и чёрная икра́, колбаса́, сыр. Напи́тки: пи́во, во́дка, вино́, минера́льная вода́. Людми́ла, что вы хоти́те?

41 **Напи́тки и заку́ски**

Ива́н: Де́вушка, да́йте буты́лку во́дки и буты́лку пи́ва.
Людми́ла: А вино́ у вас есть?
Официа́нтка: Коне́чно.
Людми́ла: Како́е у вас вино́?
Официа́нтка: Кра́сное и бе́лое.
Людми́ла: Принеси́те мне бе́лое вино́.
Ива́н: Да-да, коне́чно, принеси́те бе́лое вино́. А ско́лько сто́ит икра́? Ого́! Икра́ о́чень дорога́я!
Людми́ла: Принеси́те мне, пожа́луйста, икру́.
Ива́н: А мне сыр, и чёрный хлеб.
Людми́ла: А мне бе́лый хлеб, пожа́луйста..
Официа́нтка: Это всё?
Ива́н: Да, э́то всё.

42 **Инти́мный вопро́с**

Ива́н: Людми́ла, тепе́рь, пока́ мы одни́, мо́жно зада́ть вам оди́н инти́мный вопро́с? У вас есть Русла́н?
Людми́ла: Что? Русла́н? Почему́ вы спра́шиваете?
Ива́н: Потому́, что мне о́чень интере́сно.
Людми́ла: Я не понима́ю. Смотри́те кто там! Вади́м!
Ива́н: Вади́м, и не оди́н!
Вади́м: Лю́дочка! Прия́тного аппети́та! Что ты здесь де́лаешь? Како́й сюрпри́з! И Ива́н Никола́евич, вы то́же здесь!
Ива́н: Да, я то́же здесь. Здра́вствуйте, Вади́м Бори́сович, сади́тесь.
Вади́м: Да нет, спаси́бо, мне пора́, я не оди́н. Мы идём на о́перу. До свида́ния, Лю́да.

Типи́чный иностра́нец

43

Иностра́нец: Извини́те, вы говори́те по-англи́йски?
Официа́нтка: Нет.
Иностра́нец: Извини́те, что тако́е борщ?
Официа́нтка: Это суп.
Иностра́нец: А что тако́е щи?
Официа́нтка: Это то́же суп.
Иностра́нец: Хорошо́. Да́йте, пожа́луйста, моско́вский сала́т!

хоро́ший	bon (adj.)	почему́	pourquoi
пра́вда	vérité	потому́ что	parce que
пра́вда?	n'est-ce pas ?	спра́шивать	demander
свобо́дный	libre	пора́	il est temps ...
сто́лик	petite table	Прия́тного аппети́та! (le г est prononcé "v")	Bon appétit !
Сади́тесь!	Asseyez-vous !		
официа́нтка	serveuse	идти́	aller (à pied)
де́вушка	jeune fille	о́пера	opéra
Мину́точку!	Un instant !	Что тако́е ...?	Qu'est-ce que c'est que ...?
посмотре́ть (perf.)	regarder		
меню́	menu		
моско́вский	de Moscou (adj.)		
кра́сный	rouge		
чёрный	noir		
хоте́ть	vouloir		
Да́йте!	Donnez (-moi / -nous) !		
буты́лка	bouteille		
како́й	quel / lequel		
бе́лый	blanc		
Принеси́те!	Apportez (-moi / -nous) !		
ско́лько?	combien?		
сто́ить	coûter		
Ско́лько сто́ит?	Combien ça coûte?		
дорого́й	cher		
тепе́рь	maintenant		
пока́	pendant		
мы одни́	nous (sommes) seuls		
зада́ть (perf.)	poser (une question)		
вопро́с	une question		
инти́мный	intime		

Le vocabulaire pour le menu est à la page 77.

Пи́во "Ба́лтика"
La bière "Baltika"

'Русла́н и Людми́ла'
Un poème de A.S.Pouchkine (1799-1837). C'est une histoire d'amour dans un royaume mystérieux. Le héros Rouslan, après de nombreuses aventures, sauve la femme qu'il aime, Ludmila, des forces du mal. Finalement l'amour est vainqueur et ils sont réunis.

Ivan pense à cette histoire quand il demande à Ludmila :

"У вас есть Русла́н?"

А.С.Пушкин
Автопортрет

Alexandre Sergeyevitch Pouchkine est le poète russe le plus célèbre et ses œuvres sont très populaires en Russie. Beaucoup d'enfants connaissent les premières lignes de son poème "Русла́н и Людми́ла" :

www

У лукомо́рья дуб зелёный;
Злата́я цепь на ду́бе том:
И днём и но́чью кот учёный
Всё хо́дит по цепи́ круго́м;
Идёт напра́во - песнь заво́дит,
Нале́во - ска́зку говори́т.

Au bord de la mer il y a un chêne vert,
Sur ce chêne il y a une chaîne d'or:
Et jour et nuit un chat savant
Va autour de l'arbre sur la chaîne;
Il va à droite - et chante une chanson,
A gauche - et raconte une légende.

ГРАММАТИКА

Des verbes au présent
хоте́ть - vouloir
я хочу́, ты хо́чешь, он / она́ хо́чет, мы хоти́м, вы хоти́те, они хотя́т

Verbe irrégulier - page 150

идти́ - aller à pied
я иду́, ты идёшь, он / она́ идёт, мы идём, вы идёте, они иду́т

е́хать - aller en transports
я е́ду, ты е́дешь, он / она́ е́дет, мы е́дем, вы е́дете, они́ е́дут

Verbes de la 2ème classe - page 150

Des impératifs
Да́йте! - Donnez !
C'est l'impératif du verbe perfectif дать - "donner".
Да́йте моско́вский сала́т! Donnez (-nous) une salade à la moscovite !

Принеси́те! - Apportez !
C'est l'impératif du verbe perfectif принести́ - "apporter".
Принеси́те, пожа́луйста, ко́фе! Apportez (-moi) un café, s'il vous plaît !

Substantifs neutres

Les substantifs en -o ou -e sont neutres :

вино́ - le vin мо́ре - la mer

La déclinaison de la plupart des substantifs neutres au singulier est la même que celle du masculin. Par exemple, les terminaisons régulières pour le génitif singulier sont -a ou -я:

вина́ - de vin мо́ря - de la mer

La forme neutre de мой est моё, et celle de ваш est ва́ше

Где моё пи́во?	Où est ma bière ?	Вот оно́!	La voilà !
Это ва́ше вино́?	Est-ce votre vin ?	Да, моё.	Oui, c'est le mien.

L'accusatif

L'accusatif est utilisé pour le complément d'objet du verbe.
Les mots masculins inanimés et les mots neutres ne changent pas.
Les substantifs féminins changent -а en -у, -я en -ю et -ия en -ию.
Les substantifs féminins qui se terminent par -ь ne changent pas.

Вы зна́ете Ло́ндон?	Connaissez-vous Londres ?
Я люблю́ мо́ре.	J'aime la mer.
Вы зна́ете Москву́?	Connaissez-vous Moscou ?
Да́йте буты́лку во́дки!	Donnez (-nous) une bouteille de vodka !
Он хорошо́ зна́ет Росси́ю.	Il connaît bien la Russie.
Она́ лю́бит степь.	Elle aime la steppe.

La terminaison change même si le verbe n'est pas exprimé :

Мне икру́!	(Apportez-moi) du caviar !

L'accusatif est employé après в ou на quand on va "à" un endroit

Il répond à la question куда́? - "où?" (Leçon 7).

Куда́ вы идёте?	Où allez-vous ?
Я иду́ в рестора́н.	Je vais au restaurant.
Мы идём на о́перу.	Nous allons à l'opéra.
Она́ е́дет в Росси́ю.	Elle va en Russie.
В центр, пожа́луйста!	Au centre, s'il vous plaît !

Adjectifs au nominatif

Comme en français, les adjectifs s'accordent avec les substantifs. Voici les terminaisons du nominatif :

Masculin:	-ый, -ий ou -о́й	(-о́й est toujours accentuée)
Féminin:	-ая ou -яя	(la terminaison -яя est assez rare)
Neutre:	-ое ou -ее	(la terminaison -ее est assez rare)

Большо́й теа́тр	-	le théâtre Bolchoï (le grand théâtre)
моско́вский сала́т	-	salade à la moscovite
чёрный хлеб	-	pain noir
кра́сная икра́	-	caviar rouge
бе́лое вино́	-	vin blanc

како́й - кака́я - како́е - "quel" ou "lequel"

Како́й вопро́с?	-	Quelle question ?
Кака́я прия́тная встре́ча!	-	Quelle agréable rencontre !

УПРАЖНЕНИЯ УРОК 6

1. Questions sur les dialogues

а.	Ива́н ду́мает, что рестора́н хоро́ший?	Да / Нет
б.	В рестора́не есть вино́?	Да / Нет
в.	Икра́ дорога́я?	Да / Нет
г.	Кто хо́чет икру́? Ива́н и́ли Людми́ла?	Ива́н / Людми́ла
д.	Кто хо́чет сыр? Ива́н и́ли Людми́ла?	Ива́н / Людми́ла
е.	Како́й хлеб хо́чет Ива́н?	Бе́лый / Чёрный
ж.	Како́й хлеб хо́чет Людми́ла?	Бе́лый / Чёрный
з.	Вади́м оди́н и́ли не оди́н?	Оди́н / Не оди́н

2. Remplissez les blancs

– _________, вот Вади́м!
– А что он здесь _________?
– Я не _________, что он де́лает.
– А он не _________!
– Да, _________ не оди́н!
– _________ сюрпри́з!
– Прия́тного ____________

де́лает
оди́н
он
Смотри́те
аппети́та!
Како́й
зна́ю

3. Remplissez les blancs. Changez les terminaisons si nécessaire

– Что вы хоти́те?

– Я хочу́ _________ и _________ (сала́т / вино́)

– А я хочу́ _______, _______, и _______. (икра́ / хлеб / во́дка)

– Я хочу́ ________, и _________ вина́. (икра́ / буты́лка)

– Я тоже хочу́ _________. (вино́)

– Хорошо́! Де́вушка, принеси́те, пожа́луйста,

__________, __________, __________, __________,

__________, __________ и __________.

ЧИТАЙТЕ!

1. Choisissez votre repas à partir du menu page 77

____

____

____

____

44

МЕНЮ

ЗАКУСКИ
Икра красная
Икра чёрная
Салат «Московский»
Колбаса
Сыр голландский

ПЕРВЫЕ БЛЮДА
Борщ
Щи
Окрошка
Солянка

ВТОРЫЕ БЛЮДА
Бефстроганов
Котлеты по-киевски
Пельмени
Осетрина заливная
Шашлык
Цыплёнок жареный

СЛАДКИЕ БЛЮДА
Мороженое
Салат фруктовый
Ананас

ГОРЯЧИЕ НАПИТКИ
Чай
Кофе

НАПИТКИ
Сок яблочный
Сок томатный
Красное вино
Белое вино
Шампанское
Пиво «Жигулёвское»
Водка «Столичная»

анана́с	ananas
бефстро́ганов	boeuf Stroganoff
борщ	soupe aux betteraves
вино́	vin
вода́	eau
во́дка	vodka
второ́й	deuxième
вторы́е блю́да	plats principaux
голла́ндский	hollandais
горя́чий	chaud
жа́реный	rôti
“Жигулёвское”	une marque de bière
заку́ски	hors-d’oeuvre
заливно́й	en aspic
икра́	caviar
квас	boisson pétillante à base de pain noir fermenté
колбаса́	salami
котле́ты	boulettes de viande
кра́сный	rouge
минера́льный	minéral
моро́женое	glace
моско́вский	de Moscou
напи́тки	boissons
окро́шка	soupe froide à base de kvas
осетри́на	esturgeon
пельме́ни	raviolis à la viande
пе́рвые блю́да	entrées (généralement de la soupe)
(пе́рвый - premier)	
пи́во	bière
по-ки́евски	à la Kiev
сала́т	salade
сиби́рский	sibérien
сла́дкий	doux
сок	jus
соля́нка	soupe faite avec de la viande et des légumes marinés
“Столи́чная”	marque de vodka
суп	soupe
сыр	fromage
тома́тный	de tomate
фрукто́вый	de fruit
хлеб	pain
цыплёнок	jeune poulet
чай	thé
чёрный	noir
шампа́нское	champagne
щи	soupe aux choux
я́блочный	de pommes

Les repas: **за́втрак** - le petit-déjeuner
обе́д - le déjeuner, qui peut être servi assez tard
у́жин - le repas du soir

заку́ски - les hors-d'œuvre
Salades, viande et poisson froids et pâtés en croûte - **пирожки́**.

пе́рвые блю́да - les entrées
Ce sont normalement des soupes, qui sont servies toute l'année.
борщ - "soupe aux betteraves" - et **щи** - "soupe aux choux" - sont bien connues en France, mais il y en a d'autres, y compris **окро́шка** - "soupe d'été" - et d'autres soupes qui sont servies froides.

вторы́е блю́да - les plats principaux
Les plats principaux, normalement de la viande ou du poisson.

сла́дкие блю́да - les desserts
Souvent des fruits, des glaces ou des mousses.

чай - le thé
A la fin d'un repas, les Russes boivent souvent du thé, parfois avec du lait, quelquefois avec du citron.

напи́тки - les boissons
En Russie il y a une ancienne tradition d'excellents vins de Crimée (maintenant en Ukraine), mais beaucoup de vignobles ont été détruits dans le cadre des programmes contre l'alcool de Gorbatchev dans les années 1990. Le "champagne" russe est un vin blanc sec et mousseux.

во́дка
On ne doit, en principe, boire la vodka que quand un membre du groupe propose un toast.

Меню́

Шампа́нское "Наде́жда"

СЛУШАЙТЕ!

Vadim et Véra au restaurant 45

1. Pourquoi Véra ne veut-elle pas de caviar ?
2. Que veut boire Véra ?
3. Nommez deux plats que Vadim a commandés.
4. Que pensent-ils du restaurant ?

ГОВОРИТЕ!

1.

2.

3.

4.

5.

6.

7.

8.

9.

10.

11.

1. Что есть что?

Борщ и щи
Колбаса́ "Моско́вская"
Сиби́рские пельме́ни
Котле́та по-ки́евски
Осетри́на заливна́я
Росси́йский сыр
Грузи́нский шашлы́к
Красна́я и чёрная икра́
Фрукто́вый сала́т и Муска́т
Моско́вский сала́т
Во́дка "Столи́чная", минера́льная вода́, вино́ и шампа́нское.

Прия́тного аппети́та!

Фру́кты и о́вощи - fruits et légumes

ГОВОРИТЕ!	**УРОК 6**

2. **Jeu de rôles**
Vous êtes dans le restaurant de l'hôtel Марс.

Dites que le restaurant est bon.	Vous êtes d'accord.
Où est le menu?	Le voilà.

Choisissez ce que vous allez manger (voir le menu page 77).

Commandez votre repas. Un troisième étudiant joue le rôle du garçon / de la serveuse.

3. **Jeu pour un groupe**
Formez un cercle. Environ 6 personnes. Le premier dit ce qu'il / elle veut manger :

Клод: Я хочу́ бефстро́ганов

La deuxième personne répète, et ajoute son propre choix:

Мари́я: Клод хо́чет бефстро́ганов, а я хочу́ икру́.

La troisième fait la même chose :

Ни́на: Клод хо́чет бефстро́ганов, Мари́я хо́чет икру́, а я хочу пельме́ни.

On continue, jusqu'à la dernière personne
Puis parlez entre-vous en essayant de vous rappeler ce que les autres veulent manger :

– Вы хоти́те бефстро́ганов, да?
– Да, а вы хоти́те борщ?
– Нет, я хочу́ щи.

4. Substantifs et adjectifs

хлеб вино́ рестора́н центр кни́га теа́тр сала́т буты́лка сто́лик биле́т	бе́лый кра́сный большо́й моско́вский но́вый дорого́й инти́мный комме́рческий индустриа́льный свобо́дный

Un étudiant choisit un substantif. Les autres doivent décider quels adjectifs peuvent être utilisés avec le substantif choisi. Prononcez les deux mots ensemble avec la bonne terminaison :

– Буты́лка!
– Больша́я буты́лка!
– Но́вая буты́лка!
– Дорога́я буты́лка!

5. Produits de différents pays

Trouvez des emballages ou photos de produits de différents pays. Posez des questions :

– Это францу́зский сыр?
– Да. Это францу́зский сыр.

– Это францу́зское вино́?
– Нет. Это испа́нское вино́.

– Где италья́нское вино́?
– Вот оно́!

Кита́йский рестора́н

америка́нский
англи́йский
голла́ндский
гре́ческий
грузи́нский
испа́нский
италья́нский
кита́йский
неме́цкий
по́льский
ру́сский
украи́нский
францу́зский
япо́нский

LEÇON 7 — О СЕБЕ — УРОК 7

Toujours au restaurant, Ivan et Ludmila parlent de leur vie et de leurs centres d'intérêt. Ludmila est obligée de partir et Ivan paie l'addition. L'étranger ne veut pas de soupe !

La partie **Грамма́тика** comprend :

- ❑ la terminaison des verbes dont le sujet est neutre ;
- ❑ la préposition **о** qui veut dire “à propos de” et qui est suivie du locatif ;
- ❑ les substantifs en **-ь** qui peuvent être masculins ou féminins ;
- ❑ les substantifs neutres en **-мя** ;
- ❑ la formation des expressions impersonnelles et des adverbes ;
- ❑ les nombres à partir de 100.

La partie **Информа́ция** traite du fleuve Volga.

Après avoir étudié la leçon, vous serez capable de :

- ❑ parler de ce que vous aimez faire ;
- ❑ parler de la ville où vous habitez.

A ce stade, vous devriez faire une révision complète des verbes que vous avez rencontrés jusqu'ici (voir les pages 150 et 151).

Page 134 il y a un texte supplémentaire “**О Не́лли**“ et un poème “**В Новосиби́рске**“ - “A Novossibirsk”.

> Le cahier de l'étudiant Ruslan 1 contient 18 exercices supplémentaires pour cette leçon dont 5 exercices audio.

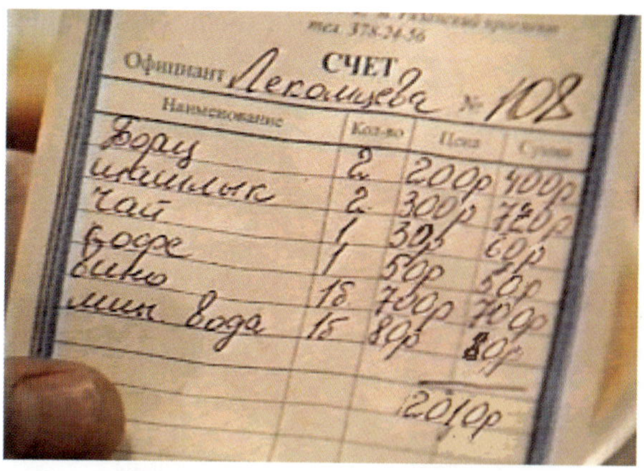

счёт - l'addition

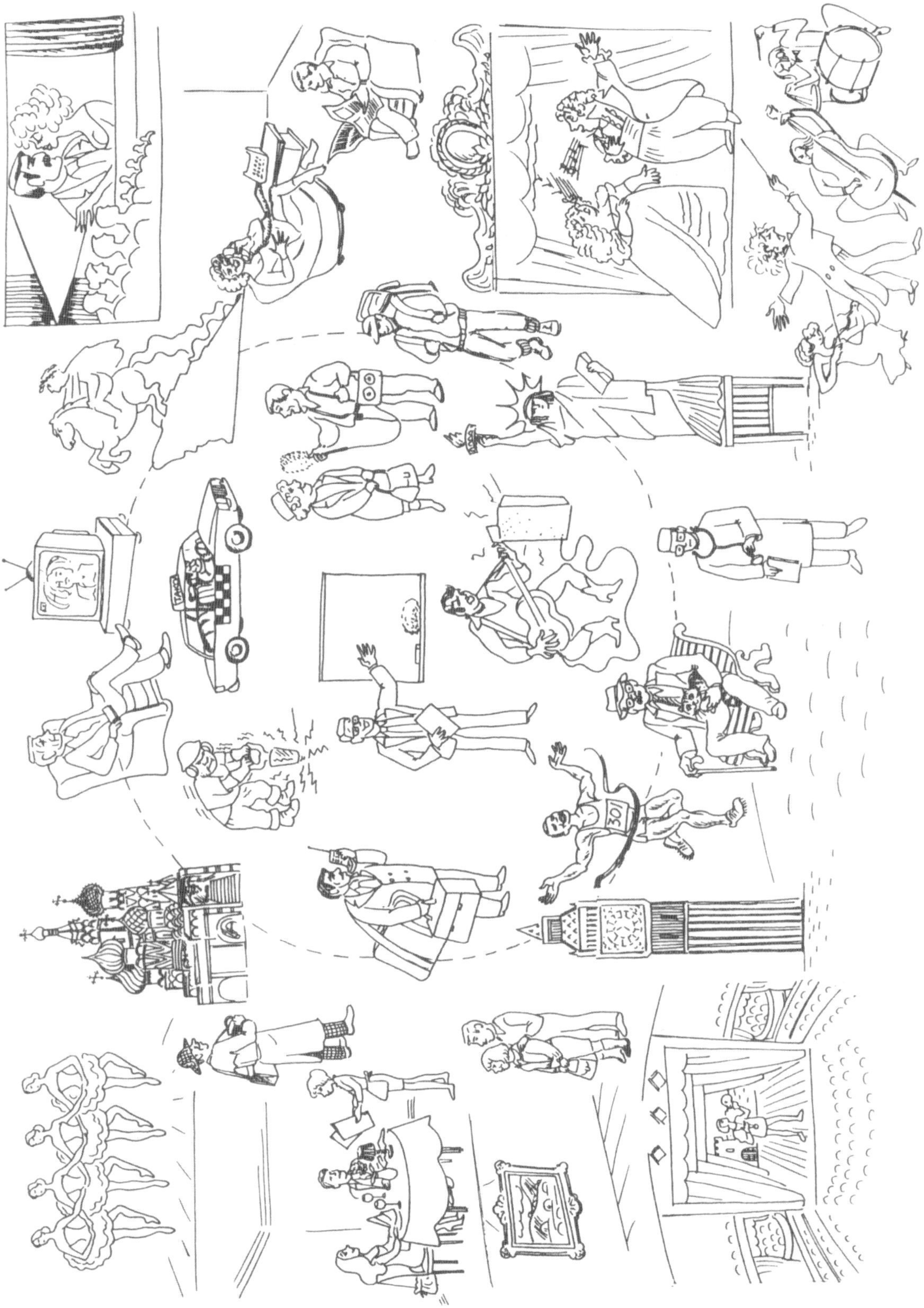
301

47 **Людмила и Иван в ресторане**

Ива́н: Лю́да, у вас тако́е краси́вое и́мя - Людми́ла! А как обе́д?
Людми́ла: Ничего́, спаси́бо. Рестора́н действи́тельно хоро́ший.
Ива́н: Лю́да, расскажи́те мне о себе́: где вы живёте, где рабо́таете? Почему́ вы живёте у Вади́ма? Кто он вам? Мо́жет быть, он ваш “Русла́н”?
Людми́ла: Нет. Снача́ла расскажи́те о себе́.
Ива́н: Вы уже́ всё обо мне зна́ете: я живу́ и рабо́таю в Сара́нске.
Людми́ла: Вы действи́тельно миллионе́р?
Ива́н: Ну, не зна́ю. Почему́ вы так ду́маете?
Людми́ла: Потому́ что Вади́м говори́л, что у вас мно́го де́нег.
Ива́н: Ах, Вади́м говори́л! Ну, э́то не интере́сно. Расскажи́те о себе́. Что вы лю́бите де́лать в свобо́дное вре́мя?
Людми́ла: Я люблю́ ходи́ть в кино́, в теа́тр, смотре́ть телеви́зор, слу́шать му́зыку. Люблю́ чита́ть.
Ива́н: А что вы лю́бите чита́ть? Вы лю́бите чита́ть о любви́?
Людми́ла: Ива́н. Не на́до.

48
Ива́н: А тепе́рь расскажи́те о Вади́ме.
Людми́ла: Вади́м изве́стный кинокри́тик. Вы не чита́ли его́ кни́гу?
Ива́н: Нет, не чита́л.
Людми́ла: Это интере́сный челове́к. Он ча́сто приглаша́ет меня́ в Дом кино́.
Ива́н: И э́то всё?
Людми́ла: Я же вам говорю́: мы ча́сто хо́дим в кино́ и в теа́тр вме́сте. И э́то всё. Тепе́рь расскажи́те о Сара́нске. Это на Во́лге?
Ива́н: Нет, Сара́нск не на Во́лге, но э́то не о́чень далеко́ от Во́лги. Дово́льно большо́й индустриа́льный го́род. Столи́ца Мордо́вии.
Людми́ла: А что там мо́жно де́лать?
Ива́н: Как и везде́: ходи́ть в кино́ и в теа́тр, смотре́ть телеви́зор, чита́ть, говори́ть о любви́!
Людми́ла: Ну, мне пора́! Уже по́здно. Спаси́бо за вку́сный обе́д.
Ива́н: Лю́да, куда́ вы идёте?
Людми́ла: Нет-нет, мне пора́, я иду́ домо́й!
Ива́н: Хорошо́. Пойдёмте!

49 **Ivan paie l’addition**

Ива́н: Де́вушка! Да́йте, пожа́луйста, счёт.
Официа́нтка: Вот, пожа́луйста.
Ива́н: Ого́! Вот э́то да! Инфля́ция! Три́ста три́дцать рубле́й. Хорошо́. Три́ста и три́дцать.
Официа́нтка: Спаси́бо.
Ива́н: Пожа́луйста.

Типи́чный иностра́нец

50

Иностра́нец:	Извини́те, у меня́ суп холо́дный.
Официа́нтка:	Да, холо́дный.
Иностра́нец:	А что де́лать?
Официа́нтка:	Како́й у вас суп? Окро́шка?
Иностра́нец:	Да. А что?
Официа́нтка:	Она́ всегда́ холо́дная!

краси́вый	beau
и́мя (n.)	prénom
обе́д	déjeuner / repas
действи́тельно	vraiment
рассказа́ть (perf.)	raconter
о себе́	à propos de soi-même
жить	vivre / habiter
снача́ла	d'abord
пото́м	puis
так	de cette façon / donc
мно́го	beaucoup
мно́го де́нег	beaucoup d'argent
люби́ть	aimer
вре́мя (n.)	temps / l'heure
ходи́ть	aller (à pied, regulièrement)
чита́ть	lire
слу́шать	écouter
му́зыка	musique
любо́вь (f.)	amour
о любви́	au sujet de l'amour
Не на́до!	Il ne faut pas !
изве́стный	célèbre
кинокри́тик	critique de cinéma
челове́к	une personne
ча́сто	souvent
Дом кино́	Club de cinéma

же	alors
вме́сте	ensemble
Во́лга	Volga (fleuve)
дово́льно	assez
индустриа́льный	industriel
го́род	ville
везде́	partout
вку́сный	savoureux / délicieux
куда́	où (direction d'un mouvement)
Пойдёмте!	Allons! (à pied)
счёт	l'addition
Ого́!	Oho!
инфля́ция	inflation
три́ста	trois cents
три́ста три́дцать рубле́й	330 roubles
холо́дный	froid
окро́шка	soupe claire (servie froide)
всегда́	toujours

Во́лга

Longue de 3530 kilomètres, la Volga est le plus grand fleuve d'Europe. Plusieurs canaux, construits en partie par des prisonniers du Goulag, ont fait de la Volga la principale artère navigable du système des Cinq-Mers mettant en communication Moscou avec la mer Blanche, la mer Baltique, la mer d'Azov, la mer Caspienne et la mer Noire. La vallée de la Volga concentre depuis la Seconde Guerre mondiale une part importante des activités industrielles de la Russie. La Volga joue également un grand rôle dans l'imaginaire russe et a inspiré de nombreux romans et chansons russes (Les bateliers de la Volga).

www

Ключ

1 Яросла́вль
2 Ни́жний Но́вгород
3 Сара́нск
4 Каза́нь
5 Тамбо́в
6 Воро́неж
7 Сама́ра
8 Сара́тов
9 Волгогра́д
10 Астрахань

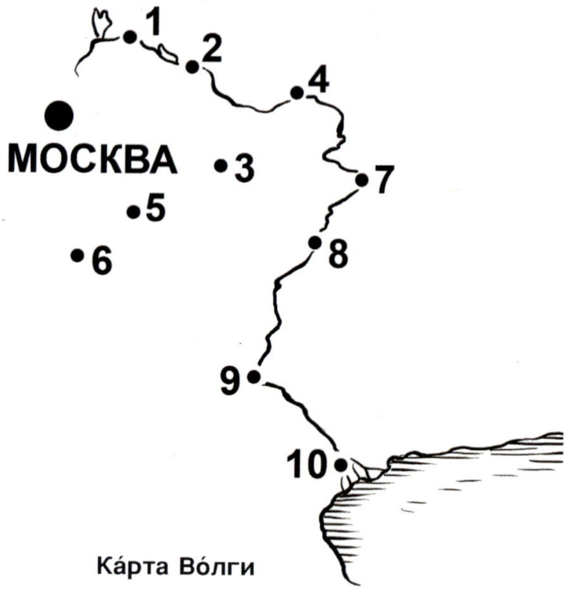

Ка́рта Во́лги

Questions - réponses

– Сара́нск на Во́лге?
– Нет! Сара́нск не на Во́лге. А Сара́тов?
– Да. Сара́тов на Во́лге.
– и т.д.

На Во́лге - перево́зка не́фти
Sur la Volga - transport de pétrole

Révision des verbes

Utilisez le récapitulatif pages 150 et 151, pour réviser les verbes que vous avez rencontrés dans les leçons 1 à 6.

> Utilisez aussi la chanson page 141 pour pratiquer le passé de plusieurs verbes utiles.

La terminaison des verbes dont le sujet est neutre

Au présent, la terminaison des verbes dont le sujet est neutre est la même que pour les sujets masculins et féminins.

Бюро́ рабо́тает.	Le bureau travaille (est ouvert).
Вре́мя идёт.	Le temps passe.

Au passé, la terminaison des verbes dont le sujet est neutre est -ло :

Это бы́ло интере́сно. C'était intéressant.

La préposition о

La préposition о suivie du locatif (leçon 4), signifie “à propos de”.

Exemples:	Вади́м	-	о Вади́ме
	Москва́	-	о Москве́
	любо́вь	-	о любви́ (substantifs féminins en -ь)
	Россия	-	о Росси́и

Avant les voyelles а, э, и, о et у, ajoutez la lettre б :

о́пера	-	об о́пере
и́мя	-	об и́мени
“à propos de moi-même”	-	обо мне

Les substantifs en -ь peuvent être masculins ou féminins

Quand vous apprenez un mot, apprenez aussi son genre. Il existe deux règles générales :

Les substantifs abstraits qui ont la terminaison -ь sont féminins.

Les mois de l’année qui ont la terminaison -ь sont masculins.

ию́нь - juin   любо́вь - amour

Notez les terminaisons douces dans les déclinaisons :

	Masculin			Féminin		
Nominatif:	ию́нь	-	juin	любо́вь	-	amour
Génitif:	ию́ня	-	de juin	любви́	-	d’amour
Locatif:	в ию́не	-	au mois de juin	о любви́	-	au sujet de l’amour

вре́мя - l’heure / le temps (qui passe)

Un petit nombre de substantifs se terminent en -мя. Ils sont tous neutres.

вре́мя - l’heure / le temps

и́мя - prénom

L'accusatif est le même que le nominatif: вре́мя / и́мя.

Le génitif et le locatif sont вре́мени / и́мени.

> Voir page 149 pour la déclinaison complète de вре́мя

Constructions impersonnelles et adverbes

La forme neutre des adjectifs courts est souvent utilisée pour des expressions impersonnelles :

Это интере́сно!	C'est intéressant !
Это хорошо́!	C'est bon !

Cette forme est aussi utilisée comme adverbe :

Она́ хорошо́ рабо́тает.	Elle travaille bien.

ЦИФРЫ — LES NOMBRES

www

Les nombres à partir de 100

100	сто	1000	ты́сяча
101	сто оди́н	1100	ты́сяча сто
102	сто два	2000	две ты́сячи
150	сто пятьдеся́т	3000	три ты́сячи
200	две́сти	4000	четы́ре ты́сячи
300	три́ста	5000	пять ты́сяч
400	четы́реста	10000	де́сять ты́сяч
500	пятьсо́т	21000	два́дцать одна́ ты́сяча
600	шестьсо́т	22000	два́дцать две ты́сячи
700	семьсо́т	100.000	сто ты́сяч
800	восемьсо́т	1.000.000	миллио́н
900	девятьсо́т	1.000.000.000	миллиа́рд

Pour les nombres longs, les Russes utilisent un point pour séparer les milliers. Ils utilisent une virgule pour séparer les décimales.

51

Vous achetez 100 chachlyks. Exercice de prononciation

– Что вам ну́жно?
– Шашлыки́! Сто штук.
– Что?
– Шашлыки́!
– Ско́лько?
– Сто штук.
– Сто штук?
– Да, сто штук.
– Хорошо́!

– Да́йте, пожа́луйста, два шашлыка́!

1. Questions sur les dialogues

а. Людми́ла ду́мает, что рестора́н хоро́ший?
б. Что Людми́ла лю́бит де́лать в свобо́дное вре́мя?
в. Ива́н чита́л кни́гу Вади́ма?
г. Го́род Сара́нск на Во́лге?
д. Го́род Сара́нск далеко́ от Во́лги?
е. Сара́нск - это индустриа́льный го́род?
ж. Ива́н хорошо́ зна́ет Вади́ма?

2. Remplissez les blancs

а. Ива́н ________ и ________ в Сара́нске.
б. Людми́ла ________ ________ телеви́зор.
в. Вади́м ча́сто ________ Людми́лу в кино́.
г. Сара́нск ________ индустриа́льный ______.
д. Людми́ла __________ домо́й.

идёт
лю́бит
рабо́тает
большо́й
живёт
приглаша́ет
го́род
смотре́ть

3. Remplissez les blancs

– Что вы ________ в свобо́дное вре́мя?
– Я люблю́ ________ кни́ги.
– А вы лю́бите ________ в кино́?
– Да, коне́чно ________.
– А сего́дня вы ________ на о́перу?
– Да, ________.
– Кто вас ________?
– __________!

приглаша́ет
идёте
де́лаете
люблю́
иду́
ходи́ть
чита́ть
Миллионе́р

4. De quoi parlent-ils ? Composez des phrases

Наприме́р: – Футболи́ст говори́т о футбо́ле.

стюарде́сса
актёр
почтальо́н
программи́ст
журнали́ст
космона́вт
музыка́нт
кинокри́тик
такси́ст
трактори́ст

компью́тер
ко́смос
фильм
теа́тр
по́чта
тра́ктор
журна́л
аэропо́рт
му́зыка
маши́на

1. De quelle ville s'agit-il ?

(стати́стика на 2010г.)

а. Большо́й индустриа́льный го́род на Во́лге. В Сове́тский пери́од э́то был закры́тый го́род. Метро́. Кремль. Аэропо́рт. Речно́й вокза́л. Миллио́н две́сти пятьдеся́т ты́сяч челове́к. ____________________

б. Этот го́род постро́ил Пётр Пе́рвый на реке́ Неве́. Он был столи́цей Росси́и. Это бы́ло «окно́ в Евро́пу». Там в 1917-ом году́ начала́сь Октя́брьская револю́ция. Эрмита́ж. Зи́мний Дворе́ц. Метро́. Аэропо́рт. Четы́ре миллио́на восемьсо́т пятьдеся́т ты́сяч челове́к. ____________________

в. Большо́й индустриа́льный го́род в Сиби́ри недалеко́ от о́зера Байка́л. Метро́. Аэропо́рт. Шестьсо́т со́рок ты́сяч челове́к. ____________________

г. Столи́ца Росси́и. Полити́ческий и культу́рный центр страны́. Три междунаро́дных аэропо́рта. Метро́. Кремль. Оди́ннадцать миллио́нов пятьсо́т ты́сяч челове́к. ____________________

Irку́тск
Москва́
Санкт-Петербу́рг
Ни́жний Но́вгород

2. А где вы живёте?
Ecrivez des phrases sur votre propre ville / région

____
____
____
____
____
____

Vadim et Véra. Ecoutez ! 52

1. Où Véra a-t-elle vu Ludmila et Ivan ?
2. Qu'est-ce que Vadim a trouvé amusant ?
3. Véra veut-elle faire la connaissance d'Ivan ?
4. Vadim veut-il présenter Véra à Ivan ?

Ни́жний Но́вгород - у́лица Больша́я Покро́вка

ГОВОРИТЕ!

1. **Pratiquez les verbes !**
Faites des cartes pour les infinitifs que vous connaissez.
Une carte pour chaque infinitif.
Faites d'autres cartes pour les pronoms personnels:
я, ты, он, она́, мы, вы, они́.

Une personne tire au sort un pronom personnel, une autre un verbe à l'infinitif : faites une phrase sans hésiter et n'oubliez pas de conjuguer le verbe :

– **Я люблю́!**

2. Questions en paires

– Вы лю́бите чита́ть кни́ги?
– Вы лю́бите смотре́ть телеви́зор?
– Вы лю́бите ходи́ть в рестора́н?
– Вы лю́бите слу́шать му́зыку?
– Вы лю́бите ходи́ть в теа́тр?

Trouvez d'autres personnes qui partagent vos intérêts

– Вы лю́бите чита́ть кни́ги?
– Да. Люблю́.
– Я то́же. А вы лю́бите смотре́ть телеви́зор?
– Да, о́чень.
– А я нет!

3. Jeu de communication

Choisissez trois endroits où vous irez aujourd'hui.
Puis essayez de trouver d'autres personnes qui iront aux mêmes endroits.

парк - банк - стадио́н - рестора́н - аэропо́рт - гости́ница поликли́ника - университе́т - кинотеа́тр - магази́н

Пи́тер:	Вы идёте в парк?
Ни́на:	Нет. Я иду́ в поликли́нику, в банк и в рестора́н. А куда́ вы идёте?
Пи́тер:	Я иду́ в парк, в гости́ницу и в рестора́н.
Ни́на:	Хорошо́. Пойдёмте вме́сте в рестора́н.
Пи́тер:	Очень хорошо́!

4. Jeu dans un cercle

Dans un cercle de 6 personnes.
Le premier dit où il / elle va :
– Я иду́ в рестора́н

Le 2ème répète, puis dit où il va lui-même :
– Пи́тер идёт в рестора́н, а я иду́ в буфе́т.

Le 3ème continue, jusqu'àu 6ème.
Puis parlez entre vous, en essayant de vous rappeler la destination de chacun :

– Вы идёте в центр, да?
– Да, а вы идёте в банк?
– Нет, я иду́ в поликли́нику.

Peter arrive à Moscou et retrouve Vadim et Ludmila. Ivan invite Ludmila à l'opéra.

Cette leçon porte sur l'heure. Vous allez aussi apprendre à inviter quelqu'un à sortir, et à fixer un point et une heure de rendez-vous.

La partie **Грамма́тика** comprend :
- ❑ le nominatif des substantifs et des adjectifs au pluriel ;
- ❑ l'accusatif des substantifs et des adjectifs au pluriel ;
- ❑ le génitif des substantifs masculins au pluriel ;
- ❑ l'adjectif court **ну́жен** - “nécessaire” ;
- ❑ les adjectifs courts au pluriel ;
- ❑ le verbe irrégulier **мочь** - “pouvoir”.

Après avoir étudié la leçon, vous serez capable de :
- ❑ dire l'heure (en heures entières) ;
- ❑ téléphoner et répondre au téléphone ;

et vous comprendrez le principe des fuseaux horaires en Russie.

La partie **Информа́ция** traite des télécommunications en Russie.

Page 135, vous trouverez un texte supplémentaire “**У Игоря нет де́нег**“ - “Igor n'a pas d'argent”.

Le cahier de l'étudiant Ruslan 1 contient 20 exercices supplémentaires pour cette leçon dont 4 exercices audio.

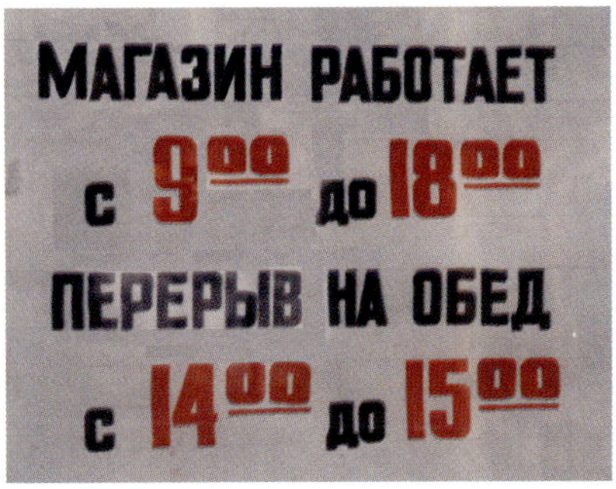

Ру́сский анекдо́т

- У вас така́я хоро́шая жена́. Она́ всё вре́мя на ку́хне.
- Да, но э́то потому́, что у нас на ку́хне телефо́н!

всё вре́мя - tout le temps
на ку́хне - dans la cuisine
потому что - parce-que

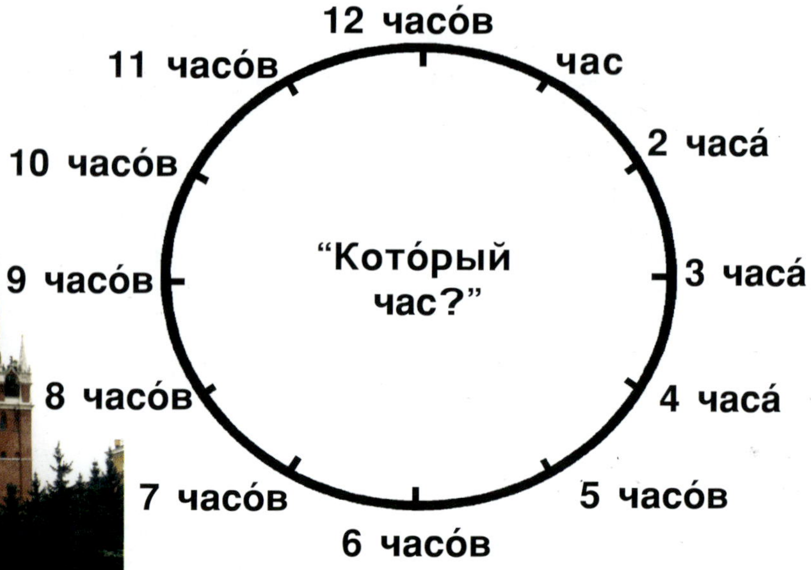

Il y a deux façons de demander l'heure :
Котóрый час? / Скóлько врéмени?

Une heure	Час	
Deux heures Trois heures Quatre heures	Два часá Три часá Четы́ре часá	Pour les nombres de 1 à 4 utilisez le génitif au singulier.
Cinq heures Six heures etc.	Пять часóв Шесть часóв	Pour les nombres de 5 à 20 utilisez le génitif au pluriel.
Midi ou minuit	Двенáдцать часóв	

Pour les horaires, les trains, les avions etc., on utilise le système basé sur 24 heures

14.00	Четы́рнадцать часóв
21.00	Двáдцать оди́н час
22.30	Двáдцать два три́дцать
etc.	

В котóром часý? - A quelle heure?

Pour demander “A quelle heure?” - В котóром часý? ou Во скóлько?
Pour répondre “A 7 heures” - В семь часóв.

Peter est arrivé hier soir. Il se réveille dans sa chambre d'hôtel

54 Пи́тер: Где я? Кото́рый час? Уже́ де́сять часо́в! Хорошо́. А где здесь телефо́н?

Il compose un numéro

Вади́м: Алло́!
Пи́тер: Вади́м Бори́сович? До́брое у́тро! Это Пи́тер говори́т. Пи́тер из Ло́ндона. Вы меня́ по́мните?
Вади́м: Пи́тер! Ну, коне́чно, по́мню! Вы в Москве́? Когда́ вы прие́хали?
Пи́тер: Вчера́ ве́чером.
Вади́м: Каки́е у вас пла́ны?
Пи́тер: У меня́ ма́ло вре́мени, но сего́дня я свобо́ден.
Вади́м: Тогда́, приезжа́йте к нам. Где вы сейча́с?
Пи́тер: В гости́нице Марс.
Вади́м: Это совсе́м бли́зко. Я о́чень рад. Вы звони́те из гости́ницы?
Пи́тер: Да, из гости́ницы. Запиши́те мой но́мер телефо́на: 241-05-79.
Вади́м: Приезжа́йте сего́дня ве́чером!
Пи́тер: Отли́чно! А когда́?
Вади́м: В семь часо́в.
Пи́тер: Очень хорошо́. Спаси́бо.
Вади́м: Хорошо́, мы все вас ждём в семь часо́в ве́чера.
Пи́тер: А кто все?
Вади́м: Я, ма́ма и Людми́ла. Вы по́мните Людми́лу?
Пи́тер: Ну, коне́чно, по́мню! Я о́чень рад! Слу́шайте, Вади́м Бори́сович, мне нужны́ ру́сские де́ньги. У меня́ нет де́нег. Алло́! Алло́! Что э́то? Телефо́н не рабо́тает ...

55 **Plus tard. Le téléphone sonne à nouveau**

Вади́м: Я слу́шаю.
Ива́н: Людми́лу Григо́рьевну, пожа́луйста.
Вади́м: Кто говори́т?
Ива́н: Ива́н Козло́в.
Вади́м: Ах, вот как! Сейча́с! Лю́да, вас спра́шивают!

Но́мер в гости́нице

Вид из но́мера - vue depuis la chambre

Ива́н и Людми́ла 56

Людми́ла:	Алло́! Я слу́шаю. До́брый ве́чер.
Ива́н:	Людми́ла! Говори́т Ива́н. Как у вас дела́?
Людми́ла:	Ничего́, спаси́бо. А у вас?
Ива́н:	Людми́ла, я приглаша́ю вас на о́перу в Большо́й теа́тр.
Людми́ла:	Когда́?
Ива́н:	Сего́дня ве́чером.
Людми́ла:	Сего́дня я не могу́.
Ива́н:	Тогда́ за́втра в семь часо́в. Вы свобо́дны за́втра?
Людми́ла:	За́втра? Пока́, да. Но приеха́л Пи́тер из Ло́ндона, и я не зна́ю, каки́е у него́ пла́ны. А биле́ты уже́ есть?
Ива́н:	Нет, биле́тов нет, но мо́жно заказа́ть в гости́нице.
Людми́ла:	Тогда́ закажи́те, пожа́луйста. А где мы встре́тимся?
Ива́н:	Встре́тимся в гости́нице в шесть часо́в. Хорошо́?
Людми́ла:	Хорошо́. До за́втра.

Кото́рый час?	Quelle heure est-il ?
у́тро	matin
До́брое у́тро!	Bonjour ! (le matin)
по́мнить	se souvenir de
прие́хать (perf.)	arriver
ве́чер	soir
ве́чером	pendant la soirée
пла́н	projet
ма́ло	peu de
ноль (m.)	zéro
Приезжа́йте!	Venez !
к нам	chez nous (venez chez nous)
совсе́м	tout à fait
звони́ть	téléphoner
записа́ть (perf.)	noter
отли́чно	excellent
все	tous
мне	moi (datif)
ну́жен / -на́ / -но / -ны́	nécessaire
Мне нужны́	j'ai besoin de (pluriel)
де́ньги (pluriel)	argent
Вот как!	Ah bon !
До́брый ве́чер!	Bonsoir !
Как дела́?	Comment allez-vous ?
ничего́	assez bien (le г est prononcé “v”)
мочь	pouvoir
пока́	pour le moment
у него́	il a (le г est prononcé “v”)
мы встре́тимся	nous nous retrouverons

ИНФОРМАЦИЯ УРОК 8

Телефóн

Dans les villes, l'internet et les téléphones portables sont courants.
Téléphone portable - мобúльный телефóн ou сóтовый телефóн.

Les téléphones publics - таксофóны - acceptent les cartes à puce ou des jetons - жетóны.

Au téléphone les Russes parlent assez vite. Pour les étrangers il est parfois difficile de comprendre, même si votre russe est d'un niveau élevé.

Quand les Russes lisent un numéro de téléphone de Moscou, ils donnent souvent les trois premiers chiffres ensemble, puis les quatre suivants deux par deux :

495 830 16 72

Четы́реста девянóсто пять. Восемьсóт трúдцать. Шестнáдцать. Сéмьдесят два.

Pour vous, il sera plus facile de donner les chiffres individuellement :

Четы́ре, дéвять, пять. Восемь, три, ноль. Одúн, шесть. Семь, два.

ГРАММАТИКА

Le nominatif des substantifs au pluriel

La plupart des noms masculins ajoutent -ы ou -и, selon la règle d'orthographe, ou bien -и remplace -й ou -ь.
Les noms féminins remplacent -а par -ы ou -и, -я ou -ь par -и et -ия par -ии.
Les noms neutres remplacent -о par -а, -е par -я, -ие par -ия et -мя par -менá.

Règle d'orthographe
-и remplace -ы après к, г, ш, щ, х, ж, ч.
C'est pourquoi le nominatif pluriel de кнúга est кнúги.

Il y a souvent des changements d'accentuation.

Singulier	Pluriel	Singulier	Pluriel
план	плáны	трамвáй	трамвáи
ýлица	ýлицы	ýтро	ýтра
кнúга	кнúги	мóре	моря́
рекá	рéки	здáние	здáния
рубль	рублú	и́мя	именá

Plusieurs substantifs masculins font leur pluriel en -á (toujours accentué)

пáспорт	паспортá	дом	домá
гóрод	городá	áдрес	адресá

Certains substantifs masculins perdent : -о- ou -е- :

отéц	отцы́	переýлок	переýлки

дéньги - "argent" - n'existe qu'au pluriel.

L'accusatif pluriel des substantifs masculins et féminins inanimés et de tous les substantifs neutres est le même que le nominatif.

Я понимáю вáши плáны. Je comprends vos plans.

L'adjectif au pluriel

Au pluriel du nominatif et de l'accusatif inanimé, les adjectifs ont la terminaison -ые ou -ие :

какúе плáны?	quels plans?	большúе автóбусы	de grands bus
красúвые городá	de belles villes	нóвые кнúги	de nouveaux livres
рýсские именá	des prénoms russes		

Le génitif des substantifs masculins au pluriel

Pour la plupart, on ajoute -ов. Pour les autres formes voir les pages 120 et 148.
On utilise le génitif pluriel
- pour traduire "de" suivi d'un substantif au pluriel ;
- après les mots comme мнóго - "beaucoup de" - ou мáло - "peu de" ;
- après нет suivi d'un substantif au pluriel ;
- après les nombres à partir de 5.
- après certaines prépositions suivies d'un substantif au pluriel.

Exemples:

нет билéтов	пять часóв	мнóго автóбусов
грýппа турúстов	мнóго домóв	мáло дéнег
пять часóв	шесть киломéтров	далекó от городóв

Вас спрáшивают. On vous demande.

La troisième personne du pluriel sans онú est utilisée pour les sujets indéfinis "quelqu'un" ou "on", parfois rendus par une tournure passive.

Вас приглашáют на концéрт. Vous êtes invités au concert.

L'adjectif court нýжен - nécessaire

La voyelle mobile -е- de нýжен disparaît au féminin et au neutre. On observe aussi des changements d'accentuation.

Билéт не нýжен.	On n'a pas besoin d'un billet.
Деклара́ция не нужнá.	La déclaration n'est pas nécessaire.
Таксú нýжно?	Vous avez besoin d'un taxi ?

La forme courte des adjectifs au pluriel

Pour la forme courte des adjectifs au pluriel il faut ajouter -ы au radical (mais parfois -и : voir la règle d'orthographe page 98)

Мне нужны́ рýсские дéньги.	J'ai besoin d'argent russe.
Бáнки бы́ли закры́ты.	Les banques étaient fermées.

мочь - pouvoir, verbe irrégulier

я могý, ты мóжешь, он / онá мóжет, мы мóжем, вы мóжете, онú мóгут

Я не знáю, какúе у негó плáны. Je ne sais pas quels sont ses projets (quels projets il a).

Dans la leçon 5 vous avez déjà vu у меня́ et у вас pour dire "j'ai" et "vous avez". De façon analogue :

у негó - il a у неё - elle a у них - ils/elles ont

1. Да и́ли нет?

а. Вади́м по́мнит Пи́тера.
б. У Пи́тера мно́го вре́мени.
в. Вади́м рад, что Пи́тер в гости́нице “Марс”.
г. Пи́тер по́мнит Людми́лу.
д. Ива́н приглаша́ет Людми́лу на о́перу.
е. У Ива́на есть биле́ты.
ж. У Людми́лы есть биле́ты.
з. Биле́ты мо́жно заказа́ть в гости́нице.
и. Людми́ла зна́ет, каки́е пла́ны у Пи́тера.

2. Remplissez les blancs

– Алло́
– Кто ___________?
– Это Пи́тер. Вы меня́ ___________ ?
– Коне́чно, ___________. Каки́е у вас ___________ на сего́дня?
– У меня́ нет ___________.
– Пожа́луйста, приезжа́йте _________.
– С удово́льствием. А ___________ ?
– Приезжа́йте в во́семь ___________.
– __________ хорошо́!

по́мню
Очень
говори́т
пла́нов
пла́ны
часо́в
по́мните
когда́
к нам

3. Ecrivez au pluriel

а. Тури́ст чита́ет журна́л.
б. Тури́стка чита́ет кни́гу.
в. Инжене́р был здесь.
г. Но́вый студе́нт то́же был здесь.
д. Магази́н откры́т.
е. Это но́вый телеви́зор?
ж. Англи́йский бизнесме́н не говори́т по-ру́сски.
з. Но́вый дом.
и. Интере́сное де́ло.

4. Ecrivez au singulier

а. Кинокри́тики обе́дают.
б. Это ру́сские города́.
в. Рестора́ны откры́ты.
г. Это хоро́шие биле́ты.
д. Ва́ши кни́ги.
е. Мои́ сувени́ры.
ж. Америка́нские паспорта́.
з. Моско́вские у́лицы.

5. Remplissez les blancs en changeant la terminaison des mots proposés

В Москве́ мно́го _________, _________, _________, и ________.

В Санкт-Петербу́рге о́чень мно́го __________.

авто́бусы - теа́тры - кана́лы - па́рки - тури́сты

1. Peter veut visiter les tombes des écrivains suivants : Anton Tchekhov, Sergei Essénine, Nikolai Gogol, Vladimir Maïakovski Boulat Okoudjava et Nikolai Ostrovski. Vous avez un dépliant des cimetières de Moscou. Notez où il trouvera les tombes qu'il veut visiter.

Никола́й Васи́льевич Го́голь

КЛАДБИЩА, ГДЕ ПОХОРОНЕНЫ ЛИТЕРАТОРЫ

Армянское кладбище. ул. Сергея Макеева, 12.
Здесь похоронен А.П.Платонов.

Ваганьковское кладбище. ул. Сергея Макеева, 15.
Похоронены: А.К.Виноградов, В.С.Высоцкий, С.А.Есенин, В.И.Даль, А.С.Неверов, Б.Ш.Окуджава, Ю.Н.Тынянов, Ф.С.Шкулев.

Введенское кладбище. Наличная ул.,1.
Похоронены: Д.Б.Кедрин, С.Г.Скиталец, Л.Н.Сейфуллина.

Донской монастырь. Донская площадь,1.
На кладбище монастыря похоронены: И.И.Дмитриев, И.М.Долгорукий, В.И.Майков, В.Ф.Одоевский, А.П.Сумароков, М.М.Херасков, П.Я.Чаадаев.

Новодевичье кладбище. ул. Хамовнический Вал, 50.
Похоронены: С.Т.Аксаков, Э.Г.Багрицкий, Демьян Бедный, Андрей Белый, В.Я.Брюсов, М.А.Булгаков, В.В.Вересаев, Н.В.Гоголь, Д.В.Давыдов, И.А.Ильф, С.Я.Маршак, В.В.Маяковский, А.Н.Островский, А.Т.Твардовский, А.Н.Толстой, А.А.Фадеев, Д.А.Фурманов, А.П.Чехов, В.М.Шукшин, И.Г.Эренбург.

кла́дбище	-	un cimetière
кла́дбища	-	des cimetières
похоро́нен	-	est enterré
похоро́нены	-	sont enterrés

2. Que vend l'entreprise Маркон ?
D'où viennent les marchandises ?

МАРКОН
Торговый зал
в Москве
ул. Стромынка, 2.
ст. метро
"Сокольники"

ТЕЛЕВИЗОРЫ, КАМКОРДЕРЫ, МЕДИА-ПЛЕЕРЫ, КОМПЬЮТЕРЫ, НОУТБУКИ, ЛЭПТОПЫ, ПРИНТЕРЫ, НАВИГАТОРЫ, СМАРТФОНЫ, ВЕБ-КАМЕРЫ, МИКРОФОНЫ.

ИЗ ЯПОНИИ, ИЗ КИТАЯ, ИЗ КОРЕИ

Тел.: (8) 495 869-02-96

СЛУШАЙТЕ!

57 **Ecoutez et répondez**

1. Pour quel théâtre Ivan achète-t-il des billets ?
2. Quand veut-il y aller ?
3. On lui a offert deux possibilités : le ballet "Щелку́нчик" et l'opéra "Снегу́рочка". Laquelle a-t-il choisie et pourquoi ?
4. A quelle heure commence la séance du soir ?

ГОВОРИТЕ!

1. Jeu de rôles. Vous téléphonez à un ancien ami

Dites "Allô !". Expliquez qui vous êtes. Demandez si la personne se souvient de vous.	Qui est à l'appareil ?
	Oui, bien sûr ! Demandez quels sont ses projets.
Dites que vous n'avez pas de projets.	
	Demandez où il demeure.
A l'hôtel "Spoutnik".	
	Demandez le numéro de téléphone.
212 45 26.	
	Demandez s'il peut venir chez vous ce soir.
Oui, bien sûr ! Demandez à quelle heure vous pouvez venir.	
	A six heures.

Росси́я - ка́рта часовы́х поясо́в - carte des fuseaux horaires

> Il existe huit fuseaux horaires en Russie, plus Kaliningrad.
> Les horaires de vols long courrier et de trains utilisent l'heure de Moscou.

2. Questions - réponses

– В Москве́ два часа́. Кото́рый час в Новосиби́рске?
– В Новосиби́рске пять часо́в.
– В Бра́тске шесть часо́в. Кото́рый час в Москве́?
– В Москве́ час.

Utilisez d'abord la carte, puis essayez de vous en passer.

3. Jeu de communication

Choisissez une ville. Une personne dit quelle heure il est dans sa ville. Les autres disent quelle heure il est chez eux.

> Арха́нгельск - Братск - Верхоя́нск - Волгогра́д
> Владивосто́к - Екатеринбу́рг - Ирку́тск - Калинингра́д
> Магада́н - Москва́ - Му́рманск - Новосиби́рск - Омск
> Сама́ра - Санкт-Петербу́рг - Томск - Яку́тск

Пи́тер – Я в То́мске. Сейча́с три часа́.
Анна – А я в Екатеринбу́рге. Здесь два часа́.
Мари́я – Я в Магада́не. Здесь во́семь часо́в.
и т.д.

4. Телефо́нные разгово́ры. Phone conversations

Passez des coups de fil imaginaires aux élèves du groupe. Demandez-leur comment ça va (Как дела́?). Demandez-leur où ils sont, ce qu'ils sont en train de faire et l'heure qu'il est.

LEÇON 9 ТЕАТР УРОК 9

Ivan et Ludmila sont à l'opéra. Ludmila n'aime pas leurs places, mais elle adore le spectacle.

Vous allez apprendre du vocabulaire sur le théâtre et sur le sport.

La partie **Грамма́тика** comprend :
- ❑ quelques verbes réfléchis au présent, par exemple **начина́ться** - “commencer” ;
- ❑ le datif des substantifs au singulier ;
- ❑ les verbes **люби́ть** - “aimer”, et **нра́виться** - “plaire à” ;
- ❑ le verbe **игра́ть** - “jouer” - avec les sports et les jeux ;
- ❑ l'usage de **раз** - “une fois”.

Après avoir étudié la leçon, vous serez capable de :
- ❑ parler de ce que vous aimez et de ce que vous n'aimez pas ;
- ❑ lire un programme de théâtre ;
- ❑ parler des sports que vous pratiquez ou que vous pratiquiez.

La partie **Информа́ция** traite du conte “**Снегу́рочка**”.

Page 136, vous trouverez un texte supplémentaire “**В теа́тре**” - “Au théâtre”, et une chanson “**Конце́рт**”.

Le cahier de l'étudiant Ruslan 1 contient 17 exercices supplémentaires pour cette leçon dont 3 exercices audio.

59 В теа́тре

Людми́ла: Скоре́е, о́пера уже́ начина́ется. Где на́ши места́?
Ива́н: На балко́не.
Людми́ла: На балко́не? Каки́е плохи́е места́!
Ива́н: Ну, что тепе́рь де́лать!?

60 В антра́кте

Ива́н: Вам нра́вится о́пера?
Людми́ла: Да, о́чень нра́вится. А кто игра́ет роль Снегу́рочки? Мо́жно посмотре́ть програ́ммку?
Ива́н: Вот, пожа́луйста. А вы не хоти́те в буфе́т?
Людми́ла: Да, хочу́. Пойдёмте?

61 В буфе́те

Ива́н: Так вы уже́ ви́дели "Снегу́рочку" ра́ньше?
Людми́ла: Коне́чно, два и́ли три ра́за.
Ива́н: Что вы хоти́те - чай, ко́фе? Мо́жет быть, хоти́те вино́?
Людми́ла: Да, я хочу́ кра́сное вино́.
Ива́н: Да́йте, пожа́луйста, мне чай, а де́вушке вино́.
Людми́ла: Ива́н, здесь есть телефо́н?
Ива́н: Не зна́ю. А кому́ вы хоти́те позвони́ть? Вади́му?
Людми́ла: Нет. Мне на́до позвони́ть Зо́е Петро́вне.
Ива́н: Хорошо́. Я ду́маю, что телефо́н нале́во по коридо́ру. То́лько скоре́е. Второ́й акт начина́ется.

Людми́ла звони́т по телефо́ну

62 Людми́ла: Зо́я Петро́вна? Это Людми́ла. Да, я сейча́с в теа́тре. Да, мне о́чень нра́вится. Прекра́сная о́пера. И Ната́лья Ивано́ва прекра́сно игра́ет роль Снегу́рочки. Когда́ конча́ется? По́здно. Ду́маю, в де́сять часо́в. Не на́до ждать. А когда́ Пи́тер возвраща́ется? Он уже́ там? Что он де́лает? Игра́ет в ша́хматы? Молоде́ц! Скажи́те Вади́му, что за́втра я иду́ к врачу́. Хорошо́. Спаси́бо, до свида́ния.

63 Второ́й акт начина́ется

Ива́н: Ну как? Всё в поря́дке?
Людми́ла: Да. Всё в поря́дке. Спаси́бо.
Ива́н: Людми́ла, за́втра вы свобо́дны? Я приглаша́ю вас в Ботани́ческий сад. Там о́чень романти́чно.
Людми́ла: Нет, спаси́бо. Я иду́ к подру́ге на день рожде́ния. Пойдёмте! Второ́й акт начина́ется.

начина́ться	commencer
наш	notre / le nôtre
ме́сто	place
места́	places
балко́н	balcon
плохо́й	mauvais
антра́кт	entracte
нра́виться	plaire à
игра́ть	jouer
роль (fém.)	rôle
програ́ммка	programme de théâtre
ви́деть	voir
ра́ньше	avant
раз	fois
на́до	il faut
мне на́до	il me faut, je dois
позвони́ть (perf.)	téléphoner
по (+ datif)	par
коридо́р	couloir

второ́й	deuxième
акт	acte
конча́ться	terminer
возвраща́ться	revenir
ша́хматы	échecs
Молоде́ц!	Bravo!
к (+ datif)	vers / chez
врач	médecin
поря́док	ordre
всё в поря́дке	tout va bien
ботани́ческий	botanique
сад	jardin
романти́чно	romantique
подру́га	amie
день рожде́ния	anniversaire

Молоде́ц! peut être utilisé pour les femmes comme pour les hommes, mais il ne faut pas le dire à vos supérieurs !

ИНФОРМАЦИЯ

Опера 'Снегу́рочка'

Снегу́рочка, dont le nom est dérivé du mot снег - "neige", est le personnage principal d'un conte traditionnel russe. Un couple sans enfants fait une jeune fille avec de la neige. Elle est charmante, aimée de tous. Quand l'été arrive, elle part se promener dans la forêt et fond à la chaleur du soleil. A. Ostrovsky a basé une pièce de théâtre sur ce conte, qui a aussi été utilisé dans l'opéra de Rimsky-Korsakov.

Снег и моро́з

Le 31 décembre Снегу́рочка et son grand-père Дед Моро́з (le Père Noël) rendent visite aux enfants et leur offrent des cadeaux.

ГРАММАТИКА

Где на́ши места́? - Où sont nos places?

Au nominatif, les adjectifs / pronoms possessifs ont les terminaisons suivantes :

Masculin	Féminin	Neutre	Pluriel	
мой	моя́	моё	мои́	mon / le mien etc.
твой	твоя́	твоё	твои́	ton / le mien etc.
ваш	ва́ша	ва́ше	ва́ши	votre / le vôtre etc.
наш	на́ша	на́ше	на́ши	notre / le nôtre etc.

Les verbes réfléchis font leur terminaison en -ся (-сь après une voyelle)

начина́ться - commencer   конча́ться - finir
возвраща́ться - revenir

я возвраща́юсь, ты возвраща́ешься, он/она́ возвраща́ется,
мы возвраща́емся, вы возвраща́етесь, они́ возвраща́ются

Le datif pour le complément d'objet indirect

Да́йте мне биле́т! Donnez-moi le billet !
Я хочу́ позвони́ть Пи́теру. Je veux téléphoner à Peter.

Les substantifs masculins et la plupart des substantifs neutres ont la terminaison -у ou -ю.
Les substantifs neutres en -мя ont la terminaison -мени.
Les substantifs neutres en -ие ont la terminaison -ию.
Les substantifs féminins changent -а et -я en -е, -ь en -и, et -ия en -ии.
Le datif de кто est кому́, de я est мне, et de вы est вам.
Le datif de он est ему́, de она́ est ей, et de они́ est им.

Voir pages 148 et 149.

Le datif après les prépositions

по - "le long de" - et к - "vers" ou "chez" (aller chez) :

Он идёт по коридо́ру. Il marche le long du couloir.
Я иду́ к подру́ге. Je vais chez mon amie.

Le datif dans les expressions impersonnelles

Вам нра́вится о́пера? L'opéra vous plaît ?
Мне на́до рабо́тать Je dois travailler.
Пи́теру нужны́ де́ньги. Peter a besoin d'argent.
Студе́нтке пло́хо. L'étudiante ne se sent pas bien.

люби́ть / нра́виться

люби́ть s'emploie comme "aimer" :

Я люблю́ шокола́д. J'aime le chocolat.
Она́ лю́бит му́зыку. Elle aime la musique.

нра́виться veut dire "plaire à" :

Мне нра́вится пье́са. La pièce me plaît.
Она́ вам нра́вится? Elle vous plaît ?

ви́деть - voir

я ви́жу, ты ви́дишь, он / она́ ви́дит, мы ви́дим, вы ви́дите, они́ ви́дят
Notez qu'à la première personne du singulier a lieu une mutation de -д en -ж.

игра́ть в ша́хматы - jouer aux échecs   игра́ть в футбо́л - jouer au foot

Pour les sports et les jeux, игра́ть est utilisé avec в suivi de l'accusatif.

раз - une fois

www

оди́н раз - une fois
не оди́н раз - plus d'une fois
три ра́за - trois fois
пять раз - cinq fois
Ско́лько раз? - Combien de fois ?

Quand vous comptez, commencez par "раз" : раз, два, три, четы́ре, пять ...

УПРАЖНЕНИЯ УРОК 9

1. Да и́ли нет?

а. Людми́ла ду́мает, что места́ хоро́шие.
б. Людми́ле на́до позвони́ть в Ло́ндон.
в. Телефо́н нале́во по коридо́ру.
г. Ива́н приглаша́ет Людми́лу на конце́рт.
д. Опера конча́ется по́здно.
е. Пи́тер игра́ет в ша́хматы.

2. Remplissez les blancs

– Зо́я Петро́вна? __________ ве́чер!
– До́брый __________! Вы в __________?
– Да, я в теа́тре.
– А как __________ нра́вится о́пера?
– Мне о́чень __________. Прекра́сная о́пера.
– А когда́ __________ конча́ется?
– Она́ __________ по́здно.
Не __________ меня́__________.

она́
ве́чер
До́брый
ждать
конча́ется
вам
нра́вится
теа́тре
на́до

3. Remplissez les blancs en utilisant le datif

Людми́ла говори́т __________, что за́втра она́ идёт к __________, но она́ говори́т __________, что она́ идёт к __________ .

врач
Ива́н
Зо́я Петро́вна
подру́га

4. Во что они́ игра́ют? A quoi jouent-ils ?

Андре́й Арша́вин
Па́вел Буре́
Га́рри Каспа́ров
Мари́я Шара́пова
Андре́й Шевче́нко
Михаил Южный

Па́вел Буре́

5. А кто игра́ет в насто́льный те́ннис?

Отве́т: Влади́мир Пу́тин игра́ет в насто́льный те́ннис.

www

ДЕТСКИЙ ТЕАТР
26 июня 2012г. в 14.00
КОТ В САПОГАХ
Пьеса-сказка в 2 частях
Перевод Л. Гинзбурга
Действующие лица:

Кот	В. Иванов
Стефан	С. Маковецкий
Король	М. Шапиро
Принцесса	Л. Корнева
Солдат	И. Лагутин
Волшебник	В. Русланов
Крестьянин	А. Котрелев
Его жена	А. Козлова
Дуб	Д. Воронин
Берёза	А. Потапова
Ведьма	Д. Пешкова
Музыка	Е. Федоров
Танцы	Н. Иванова

а. De quelle pièce s’agit-il ?
б. Quels rôles sont joués par :
Igor Lagoutine, Larissa Korneva, Victor Ivanov ?
в. En regardant les noms, vous pouvez dire avec certitude s'il s'agit d'un acteur ou d'une actrice, sauf pour un[illegible]onne. Laquelle?
г. Ecrivez des phrases du type suivant
Notez les deux formes de la lettre т - т/т
(Ici nous utilisons la deuxième).

И. Лагутин играет роль солдата.

ЧИТАЙТЕ! УРОК 9

1. Спекта́кли

а. Où ces ballets ont-ils lieu ?
б. Lequel des ballets parle d'un empereur français ?
в. Quel est l'orchestre qui joue?

2. Демонстра́ция www

а. Quand a eu lieu la manifestation ?
б. Où a-t-elle eu lieu ?
в. Que refusent les manifestants?
г. Cette manifestante est-elle pour ou contre Boris?

СЛУШАЙТЕ!

Ecoutez la conversation entre Ludmila et Tamara 64

1. Quand Ludmila est-elle allée voir Tamara ?
2. Tamara sait-elle qu'Ivan est riche ?
3. Tamara a-t-elle vu l'opéra Snegourotchka ?
4. Ludmila est-elle d'accord pour présenter Ivan à Tamara ?

1. Jeu de rôles

Invitez votre partenaire au théâtre Bolchoï. La pièce “Hamlet”. (Га́млет)	Quel est le spectacle ?
	Oui, avec plaisir, mais quand ?
Demain soir.	
A 7 heures.	A quelle heure ?
	Très bien.
Où se donne-t-on rendez-vous?	Au théâtre.

2. Jeu en cercle :
Когда́ вы возвраща́етесь? Quand revenez-vous ?
Les membres de votre groupe vont partir pour la journée. Chacun décide quand il reviendra.

Le premier dit, par exemple :
Питер: Я возвраща́юсь в 10 часо́в

Le deuxième répète la phrase, et ajoute pour lui-même :
Нина: Пи́тер возвраща́ется в 10 часо́в. Я возвраща́юсь в 9 часо́в.

Et vous continuez pour tous les membres du groupe.

3. Jeu pour pratiquer le datif
Faites une collection d'objets ou de photos / dessins :

> па́спорт, кассе́та, вино́, во́дка, лимона́д, биле́т, су́мка, до́ллар, газе́та

et une liste de professions :

> журнали́ст, кинокри́тик, студе́нт, бизнесме́н, трактори́ст, программи́ст, врач, инжене́р, солда́т

Une personne sort de la salle. Donnez aux autres une profession.

La personne revient. Donnez des instructions comme :

– Да́йте па́спорт журнали́сту!
– Да́йте во́дку студе́нту!

La personne qui était sortie doit d'abord trouver qui est le journaliste, et puis doit lui donner le passeport. Etc.

4. Вы игра́ете в те́ннис?

En groupe, posez des questions sur les sports que l'on pratique.

– Вы игра́ете в те́ннис?	- Нет.
– Вы игра́ете в футбо́л?	- Нет.
– Вы игра́ете в ша́хматы?	- Да.
– Я то́же игра́ю в ша́хматы.	- Хорошо́!
– Вы пла́ваете?	- Нет.

Vous pouvez parler aussi des sports que vous avez pratiqués autrefois :
– Вы игра́ли в те́ннис?

Ви́ды спо́рта
бадминто́н
баскетбо́л
бейсбо́л
волейбо́л
гольф
дартс
насто́льный те́ннис
ре́гби
те́ннис
футбо́л
хокке́й
ша́хматы

Влади́мир Влади́мирович игра́ет в футбо́л?

nager	пла́вать
courir	бе́гать

5. Разгово́р по телефо́ну

Pratiquez la conversation entre Ludmila et Zoya Petrovna (page 106), avec votre propre version du rôle de Zoya Petrovna.

Utilisez d'abord le texte dans le manuel, puis mémorisez la conversation.

LEÇON 10	ДОМ	УРОК 10

Ludmila déjeune avec sa copine Tamara. Elle lui raconte ses aventures en Angleterre. Tamara voudrait rencontrer les amis de Ludmila. Ludmila arrive très tard chez Zoya Petrovna.

La partie **Грамма́тика** comprend :
- ❑ l'instrumental des substantifs au singulier ;
- ❑ la règle d'orthographe concernant la lettre **о** inaccentuée ;
- ❑ le génitif pluriel des substantifs féminins, des substantifs masculins et féminins en **-ь** et des substantifs masculins en **-ж**, **-ч**, **-ш** et **-щ** ;
- ❑ la déclinaison des pronoms personnels ;
- ❑ le verbe **игра́ть** - "jouer d'un instrument de musique" ;
- ❑ **спаси́бо за ...** "merci pour ..." est suivi de l'accusatif ;
- ❑ les verbes **спать** - "dormir", **петь** - "chanter" et **пить** - "boire".

La partie **Информа́ция** traite du logement en Russie.

Après avoir étudié la leçon vous serez capable :
- ❑ de décrire des maisons et des appartements en russe ;
- ❑ de comprendre un guide télé en russe ;
- ❑ de parler des instruments de musique.

Page 138, vous trouverez un texte supplémentaire "**На да́че**" et un poème "**Люблю́ на да́чу е́здить я**" - "J'aime aller à ma datcha".

Le cahier de l'étudiant Ruslan 1 contient 23 exercices supplémentaires pour cette leçon dont 5 exercices audio.

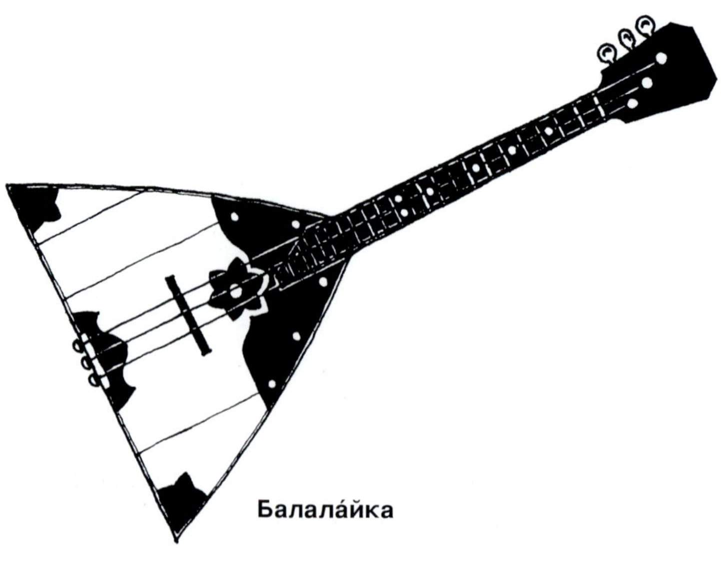

Балала́йка

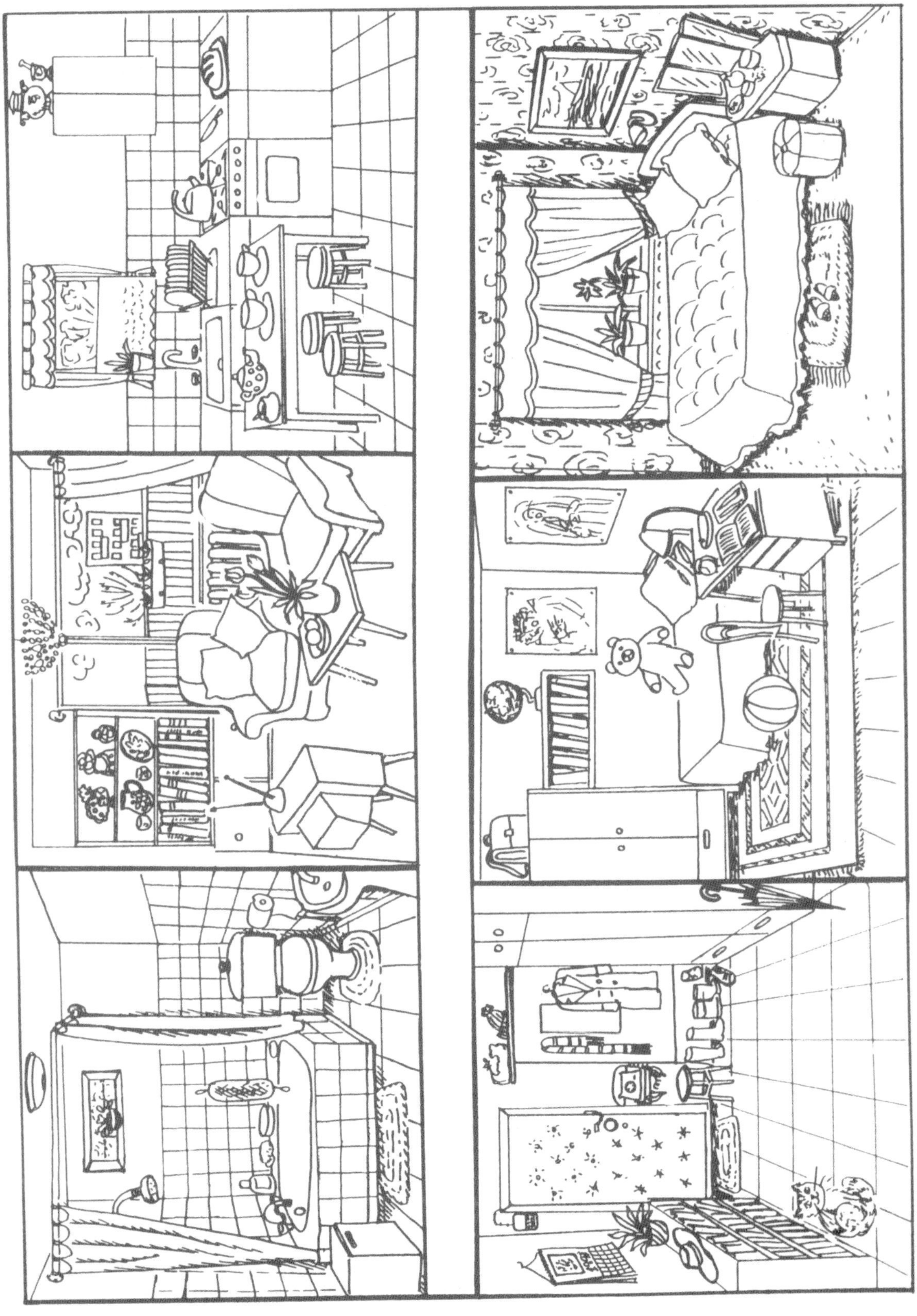

ДИАЛОГИ — УРОК 10

Ludmila et Tamara viennent de déjeuner

66 Людми́ла: Спаси́бо за обе́д. А уже́ по́здно?
Тама́ра: Пять часо́в.
Людми́ла: Ну, мне пора́.
Тама́ра: Нет, дава́й пить чай. С молоко́м и́ли с лимо́ном?
Людми́ла: Ла́дно. С молоко́м, пожа́луйста.

67 Тама́ра: Тепе́рь расскажи́ о Ло́ндоне. Ско́лько вре́мени ты жила́ у Пи́тера?
Людми́ла: Я была́ там пять дней.
Тама́ра: А Вади́м зна́ет?
Людми́ла: Коне́чно, нет. Я ничего́ не говори́ла Вади́му.

68 Тама́ра: Пи́тер живёт в кварти́ре?
Людми́ла: Нет. У него́ обы́чный англи́йский дом.
Тама́ра: Как у тебя́ в Со́фрино!
Людми́ла: Нет, что ты! У него́ два этажа́ и все удо́бства - газ, электри́чество...
Тама́ра: Два этажа́?! И балко́н есть? А ско́лько ко́мнат?
Людми́ла: Балко́на нет, но есть гара́ж. Внизу́ - ку́хня, столо́вая и гости́ная, а наверху́ - три спа́льни.
Тама́ра: А туале́т, как в Со́фрино, на у́лице?
Людми́ла: У него́ два туале́та - оди́н внизу́, друго́й наверху́.
Тама́ра: А кака́я у него́ ме́бель?
Людми́ла: Ме́бель обы́чная - столы́, сту́лья, кни́жные по́лки, мно́го книг. Всё, как у меня́ в Со́фрино. Мне нра́вится его́ гости́ная - большо́й удо́бный дива́н, два кре́сла и большо́й телеви́зор.

69 Тама́ра: Он ча́сто смо́трит телеви́зор?
Людми́ла: Нет. Он всё вре́мя рабо́тает с компью́тером. Но он лю́бит фи́льмы о Дже́ймсе Бо́нде. Мы смотре́ли фильм "Из Росси́и с любо́вью".
Тама́ра: Я ду́маю, что ему́ на́до жени́ться. Он живёт оди́н?
Людми́ла: Нет. Он живёт с ма́мой. Ты зна́ешь, сад у него́ о́чень краси́вый. Пи́тер его́ о́чень лю́бит и рабо́тает в нём ка́ждый день. У него́ в саду́ о́чень мно́го цвето́в, и в огоро́де мно́го овоще́й.
Тама́ра: Сад! Это неинтере́сно! Когда́ мне мо́жно познако́миться с Пи́тером?
Людми́ла: Я не зна́ю. Он о́чень за́нят. Он здесь по де́лу. А ты зна́ешь, он о́чень хорошо́ игра́ет на гита́ре и поёт.
Тама́ра: Хоро́шая ты подру́га! У тебя́ есть миллионе́р из Сара́нска. Я его́ ещё не ви́дела. Ну и, коне́чно, Вади́м. он о тебе́ всё вре́мя говори́т. А тепе́рь э́тот англича́нин!
Людми́ла: Ой, не на́до! Мне пора́ идти́!

Chez Zoya Petrovna

70

Зо́я Петро́вна: Людми́ла! Наконе́ц! Где вы бы́ли?
Людми́ла: У подру́ги. Извини́те, что по́здно.
Зо́я Петро́вна: А я сказа́ла Вади́му, что вы у врача́.
Людми́ла: Да, я была́ у врача́ то́же. А где Пи́тер?
Зо́я Петро́вна: Игра́ет в ша́хматы с Вади́мом.
Людми́ла: Ла́дно. Я иду́ спать. Споко́йной но́чи!

Продолже́ние сле́дует - L'histoire continue dans Ruslan 2 et 3.

Спаси́бо за ...	Merci pour ...
Дава́й(те) ...!	Allons-y ...!
с (+ instr.)	avec
ла́дно	d'accord
ничего́	rien
кварти́ра	appartement
обы́чный	ordinaire
эта́ж	étage
удо́бство	confort (moderne)
газ	gaz
электри́чество	électricité
внизу́	en bas
ку́хня	cuisine
столо́вая	salle à manger
гости́ная	séjour
наверху́	en haut
спа́льня	chambre
туале́т	cabinet de toilette
на у́лице	dehors / dans la rue
друго́й	autre
ме́бель (f.)	meubles
стол	table
стул	chaise
сту́лья	chaises
кни́жный	de livres (adjectif)
по́лка	étagère
удо́бный	confortable
дива́н	canapé
кре́сло	fauteuil
любо́вь (f.)	amour
жени́ться	se marier (pour un homme)
сад	jardin
цвето́к	fleur
цвето́в (gén. pl.)	de fleurs
огоро́д	potager
о́вощ	légume
ка́ждый	chaque
де́ло	affaire
по де́лу	pour les affaires
познако́миться с (perf.)	faire la connaissance de
гита́ра	guitare
петь	chanter
наконе́ц	enfin
сказа́ть (perf.)	dire
спать	dormir
Споко́йной но́чи!	Bonne nuit !

По́чта в Со́фрино

Со́фрино

Sofrino est une ville à 50 kilomètres de Moscou. Elle est renommée pour la fabrication d'icônes.

жени́ться - se marier

Utilisez жени́ться pour les hommes ou les couples. Pour les femmes il faut dire: вы́йти за́муж - "sortir (de l'église après un homme)" !

Le logement en Russie

En ville la plupart des gens habitent dans de grands immeubles dont la hauteur typique est de quatre, huit ou onze étages. Souvent derrière l'immeuble il y a une cour avec une aire de jeux pour enfants. Le chauffage et l'eau chaude sont normalement fournis par des services municipaux. Il peut être difficile de se garer et souvent les gens ont un garage ou une place dans un parking assez éloignés de chez eux.

Ces dernières années, des immeubles géants de 21 étages ou plus ont été construits avec un parking souterrain.

Beaucoup de familles russes possèdent une "datcha" - **да́ча**, c'est-à-dire une maison de campagne entourée d'un jardin potager et d'arbres fruitiers. Les gens s'y rendent le week-end, surtout en été. Mais dès le printemps, les trains de banlieues sont pris d'assaut par les citadins qui, chargés d'outils de jardinage et de plants de tomates qu'ils ont fait pousser dans leur appartement, vont passer le week-end dans leur datcha.

Récemment, il est devenu à la mode, pour les gens qui en ont les moyens, de construire son propre **котте́дж**, surtout à la périphérie des grandes villes. Ce sont de grandes maisons de campagne équipées de tout le confort moderne.

Дом в дере́вне

Кварти́ры в го́роде

Но́вый котте́дж недалеко́ от Москвы́

Pour trouver des liens utiles concernant le logement et le mobilier, rendez-vous à www.ruslan.co.uk/ruslan1.htm

Двухко́мнатная кварти́ра - un appartement de deux pièces
Там есть две ко́мнаты и ещё прихо́жая, ку́хня, ва́нная и туале́т.

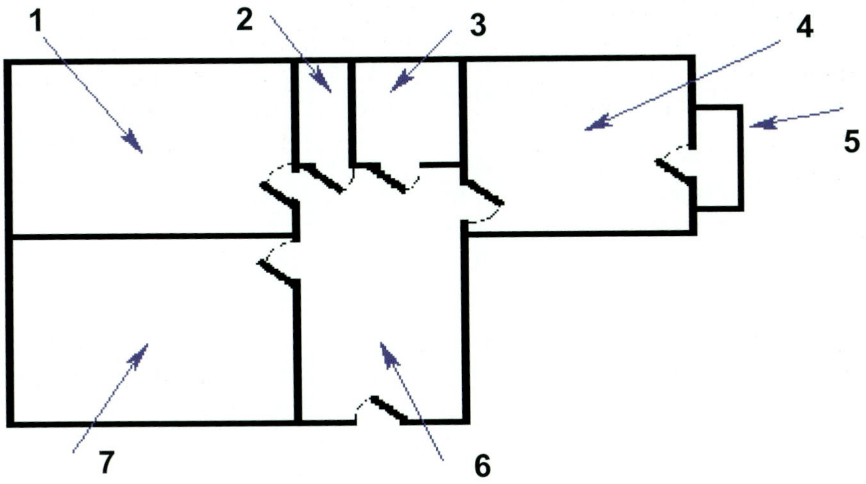

Ключ:

1. ку́хня
2. туале́т
3. ва́нная
4. спа́льня
5. балко́н
6. прихо́жая
7. гости́ная / спа́льня №2

Слова́рь:

ва́нная - salle de bain
прихо́жая - entrée
гости́ная - séjour

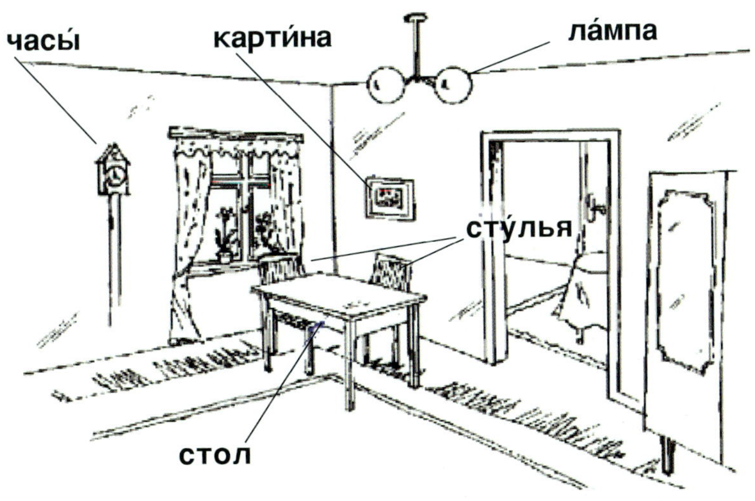

L'instrumental des substantifs au singulier

L' instrumental est utilisé après с - "avec".
Les substantifs masculins et neutres ont la terminaison -ом / -ем.
Les substantifs féminins en -а / -я ont la terminaison -ой / -ей.
Les substantifs féminins en -ь ont la terminaison -ью.

чай с лимóном	thé au citron
Он живёт с мáмой.	Il habite avec sa maman.
Я игрáю с Кáтей.	Je joue avec Katia.
Из Росси́и с любóвью	"Bons Baisers de Russie" ("From Russia with Love")

мать - "mère" - devient мáтерью
дочь - "fille" - devient дóчерью

> Voir les tables pages 148 et 149. Pour d'autres utilisations de l'instrumental voir Ruslan 2 et 3.

Règle d'orthographe pour le о non accentué

Si la lettre о n'est pas accentuée, elle ne peut pas suivre ж, ч, ш, щ ou ц. Elle est remplacée par е.

avec Natacha - с Натáшей

Le génitif au pluriel. D'autres cas de terminaisons

Les substantifs féminins perdent la terminaison -а au génitif pluriel :

У Пи́тера мнóго книг.	Peter a beaucoup de livres.
Скóлько кóмнат?	Combien de pièces y a-t-il ?

Les substantifs masculins et féminins en -ь ont la terminaison -ей :

Я былá там пять дней.	J'y ai passé 5 jours.

Les substantifs masculins en -ж, ч, ш ou щ ont aussi la terminaison -ей

У Пи́тера мнóго овощéй.	Peter a beaucoup de légumes.
мнóго ключéй -	beaucoup de clefs

Formes irrégulières du pluriel

		nominatif pluriel	génitif pluriel
цветóк	une fleur	цветы́	цветóв
стул	une chaise	стýлья	стýльев
друг	un ami	друзья́	друзéй

в садý - dans le jardin

Plusieurs substantifs masculins ont le locatif en -ý ou -ю́ après в et на. Cette terminaison est toujours accentuée :

Пи́тер рабóтает в садý.	Peter travaille dans le jardin.
Президéнт в аэропортý.	Le Président est à l'aéroport.
Живём на дáче, как в раю́!	Nous vivons dans la datcha comme au paradis !

Notez que le locatif après о - "au sujet de" - est régulier :

Пи́тер говори́т о сáде.	Peter parle de son jardin.
Онá дýмает об аэропóрте.	Elle pense à l'aéroport.

Les pronoms personnels se déclinent

N	я	ты	он	она́	мы	вы	они́
A	меня́	тебя́	его́	её	нас	вас	их
G	меня́	тебя́	его́	её	нас	вас	их
D	мне	тебе́	ему́	ей	нам	вам	им
I	мной	тобо́й	им	ей	на́ми	ва́ми	и́ми
L	мне	тебе́	нём	ней	нас	вас	них

Après une préposition, его́, её, ему́, их, etc. deviennent: него́, неё, нему́, них.

Мне пора́ идти́.	Il est temps que je parte.
Он о тебе́ говори́т.	Il parle de toi.
У него́ два туале́та.	Il a deux cabinets de toilette.
Он рабо́тает в нём.	Il y travaille.
Ему́ на́до жени́ться.	Il faut qu'il se marie.
Я тебя́ люблю́.	Je t'aime.

Пи́тер игра́ет на гита́ре

Pour les instruments de musique игра́ть est utilisé avec на suivi du locatif :

Пи́тер игра́ет на гита́ре.	Peter joue de la guitare.
Саша игра́ет на аккордео́не.	Sacha joue de l'accordéon.

Mais n'oubliez pas :

Президе́нт игра́ет в футбо́л.	Le Président joue au football.

(Leçon 9)

Споко́йной ночи! - Bonne nuit! (Je vous souhaite une bonne nuit !).
Cette expression est au génitif. Le verbe желать, suivi du génitif, est omis.

Спаси́бо за ... - Merci pour ... est suivi de l'accusatif :

Спаси́бо за обе́д.	Merci pour le repas.
Спаси́бо за кни́гу.	Merci pour le livre.

спать - dormir

я сплю, ты спишь, он / она́ спит, мы спим, вы спи́те, они́ спят

петь - chanter

я пою́, ты поёшь, он / она́ поёт, мы поём, вы поёте, они́ пою́т

пить - boire

я пью, ты пьёшь, он / она́ пьёт, мы пьём, вы пьёте, они́ пьют

Чай с молоко́м **Чай с лимо́ном**

1. Вопро́сы к те́ксту - Questions sur le texte

а. Людми́ла пьёт чай с лимо́ном или с молоко́м?
б. Где жила́ Людми́ла в Ло́ндоне?
в. Вади́м зна́ет, что Людми́ла жила́ у Пи́тера?
г. Дом Пи́тера - это типи́чный англи́йский дом?
д. У Пи́тера есть балко́н?
е. Како́й телеви́зор у Пи́тера?
ж. Пи́тер живёт оди́н?
з. Что ду́мает Тама́ра о са́де Пи́тера?

2. Remplissez les blancs

– А вы живёте в _________ Пари́жа?
– Нет, но недалеко́ от _________.
– У вас _________?
– Нет, я живу́ в _________.
– Интере́сно. А это _______ дом?
– Нет. Это обы́чный дом. Два __________.
Но _________ большо́й.
– Очень интере́сно. А ва́ша ______ рабо́тает?
– У меня́ нет ________. Я живу́ с _________.

сад
кварти́ра
до́ме
це́нтре
це́нтра
большо́й
ма́мой
этажа́
жены́
жена́

3. Remplissez les blancs en utilisant l'instrumental

а. Людми́ла пьёт чай с __________.
б. Пи́тер живёт с __________.
в. Тама́ра хо́чет познако́миться с __________.
г. Пи́тер игра́ет в ша́хматы с __________.
д. Ива́н был в теа́тре с __________.
е. Фильм "Из Росси́и с _________".

ма́ть
Пи́тер
молоко́
Людми́ла
Вади́м
любо́вь

4. Répondez aux questions en utilisant "Пи́тер"

а.	О ком вы ду́маете? О Вади́ме?	Нет, о Пи́тере!
б.	У кого́ есть но́вый биле́т? У Вади́ма?	Нет, у _________ !
в.	Кто был в гости́нице? Вади́м?	Нет, ___________!
г.	Кому́ вы звони́те? Вади́му?	Нет, ___________!
д.	Вы бы́ли в до́ме Вади́ма?	Нет, в до́ме __________ !
е.	С кем вы игра́ли? С Вади́мом?	Нет, с __________!

5. Répétez l'exercice avec la réponse "Людми́ла", et puis avec d'autres noms russes.

Vous travaillez pour une compagnie pétrolière en Sibérie. Il fait mauvais temps et vous ne pouvez pas sortir. Vous décidez de regarder la télévision. Vous consultez la page des programmes télé dans un journal local et notez les émissions qui vous intéressent. Notez le titre et l'heure :

а. Des émissions de sport :

____

____

б. Des émissions musicales :

____

____

в. Des émissions en rapport avec votre travail à la compagnie pétrolière :

____

____

ТВ ДЛЯ ВАС!

Канал <ОСТАНКИНО>

9.20 Мультфильм
9.25 "Просто Мария"
10.10 Торговый мост
10.40 В мире животных
11.20 Теледоктор
11.50 Волейбол
12.20 Телефильм "Криминальный талант"
13.25 Мультфильм
13.40 Новости
14.30 Теннис
16.10 Блокнот
16.15 Зебра
17.00 Концерт
18.20 Последняя война в Грузии
19.00 "Просто Мария" сериал
19.55 Итоги
20.35 Документальный телефильм
21.50 "Моя вторая мама" - художественный фильм
23.50 Хоккей

Канал <РОССИЯ>

8.55 Концерт
9.15 Панорама новостей
10.10 Нью-Йорк сегодня
11.15 Музыкальный фестиваль в Санкт Петербурге
12.05 "Санта Барбара"
13.10 Российская энциклопедия
13.55 Нефтяные ресурсы Сибири
14.15 Художественный фильм "Я шагаю по Москве"
16.10 Наша железная дорога
17.10 Волшебный мир Диснея
18.25 Кинозвезды говорят
19.00 Военное ревю
19.20 Мультфильм
19.30 "Санта Барбара"
20.00 Что? Где? Когда?
20.45 Дикая природа Америки
21.15 Календарь садовода
21.45 Видеосалон
23.05 Ночное небо

СЛУШАЙТЕ! УРОК 10

71 **Tamara cherche un nouvel appartement. Le téléphone sonne**

1. Comment l'interlocuteur décrit-il son appartement ?
2. La cuisine est-elle grande ?
3. Où se trouve l'appartement ?
4. Tamara a noté le numéro de téléphone. Est-ce correct ?

246-89-47

ГОВОРИТЕ!

1. Décrivez votre maison / appartement. Utilisez les questions suivantes

– У вас большóй дом / большáя квартúра?
– У вас два этажá?
– Какúе у вас кóмнаты?
– У вас есть балкóн?
– У вас есть гарáж?
– У вас есть компьютер, телевúзор, телефóн?
– У вас есть интернéт?
– Какáя мéбель у вас?
– У вас большóй сад?
– Вы живёте в цéнтре гóрода?

Comparez votre maison ou appartement à la maison ou à l'appartement des autres membres du groupe.

2. Jeu linguistique: С кем вы игрáете? Avec qui jouez-vous ?

Préparez des cartes avec des prénoms :
Ивáн, Борúс, Нúна, Натáша, etc.

Chaque membre du groupe choisit 2 ou 3 cartes.
Ce sont les noms des personnes avec lesquelles il joue.

Le premier dit :
– Я игрáю с Ивáном и с Нúной.

Le deuxième répète puis ajoute pour lui-même :
– Он игрáет с Ивáном и с Нúной, а я игрáю с Кáтей и с Борúсом.

On continue jusqu'au dernier membre du groupe.

3. Вы игра́ете на гита́ре?

Demandez aux gens de quel instrument ils jouent :

– Вы игра́ете на гита́ре?
– Нет.
– Вы игра́ете на пиани́но?
– Нет.
– Вы игра́ете на аккордео́не?
– Да.
– Я то́же игра́ю на аккордео́не.
– Хорошо́!

Parlez aussi de musiciens célèbres. De quel instrument jouent-ils / jouaient-ils?

аккордео́н
балала́йка
виолонче́ль
кларне́т
контраба́с
бараба́н
фле́йта
гита́ра
орга́н
пиани́но
роя́ль
саксофо́н
труба́
тромбо́н
скри́пка

www

4. Pratiquez les cas

Utilisez les cartes que vous avez préparées (exercice 2), et des cartes qui contiennent des questions relatives à des actions, par exemple les questions de l'exercice 4 page 122. Une personne distribue une carte avec une question, puis une carte avec un nom. Vous devez donner une réponse aussi vite que possible:

"Я ду́маю о Ната́ше!"

УРОК 1 - LEÇON 1

73 **Текст - “Аэропо́рт Пу́лково”**
Это Росси́я, Санкт-Петербу́рг, аэропо́рт Пу́лково. Это термина́л но́мер два? Нет, э́то термина́л но́мер оди́н.

Вот пассажи́р. Кто это? Это Игорь. Он инжене́р. Он ру́сский.

– Извини́те, где бага́ж?
– Вот он! Чемода́н, су́мка и рюкза́к.
– А где мой па́спорт?
– Вот он.
– Спаси́бо. А где моя́ гита́ра?
– Вот она́. Вы музыка́нт?
– Нет!

Санкт-Петербу́рг	-	Saint-Pétersbourg
термина́л	-	terminal
но́мер	-	numéro
пассажи́р	-	passager
рюкза́к	-	sac à dos
гита́ра	-	guitare
музыка́нт	-	musicien

Вопро́сы к те́ксту - Questions sur le texte
а. Это Москва́?
б. Это Росси́я?
в. Это термина́л но́мер один?
г. Игорь америка́нец?
д. Игорь инжене́р?
е. Где па́спорт?
ж. Где гита́ра?

Les réponses aux questions “вопро́сы к те́ксту” sont disponibles sur le site : www.ruslan.co.uk/teachers.htm

74 **Песня - “До свида́ния”**

Adaptation du texte original de L. M O'Toole

Извини́те, где ваш па́спорт?
Где портфе́ль и чемода́н?
Вот бага́ж мой, до свида́ния.
Па́спорт мой у вас вот там!
До свида́ния, до свида́ния,
Вот портфе́ль и чемода́н.
До свида́ния, до свида́ния,
Па́спорт мой у вас вот там!

Вот уже́ мы в термина́ле:
Я - студе́нт, а вы - тури́ст.
Где авто́бус? Где авто́бус?
А смотри́те - вот такси́ст!
До свида́ния, до свида́ния,
Я - студе́нт, а вы - тури́ст.
Где авто́бус? Где авто́бус?
А смотри́те - вот такси́ст!

До свида́ния	-	Au revoir
портфе́ль (m.)	-	porte-documents
уже́	-	déjà
в термина́ле	-	dans le terminal
авто́бус	-	autobus
Смотри́те!	-	Regardez!
такси́ст	-	chauffeur de taxi

Ruslan 1 video cartoons.
Voir www.ruslan.co.uk/ruslancartoons.htm

Аэропо́рт Пу́лково

УРОК 2 - LEÇON 2

Текст - "Санкт Петербу́рг" 75

Вот це́нтр. Это Не́вский проспе́кт. Здесь есть метро́, стоя́нка такси́, авто́бус и трамва́й. Спра́ва - рестора́н, сле́ва - кинотеа́тр. Здесь хорошо́!

Игорь не зна́ет, где Эрмита́ж. А вот прохо́жий. Он зна́ет.
– Скажи́те, пожа́луйста, где Эрмита́ж?
– Эрмита́ж? Это недалеко́. Иди́те пря́мо и напра́во.
– Спаси́бо.
Игорь идёт пря́мо и напра́во. Там Эрмита́ж, а сле́ва - река́ Нева́.

Эрмита́ж - э́то большо́й музе́й. Там о́чень интере́сно.

Не́вский проспе́кт	-	Nevski Prospect
трамва́й	-	tramway
он зна́ет	-	il sait
Эрмита́ж	-	l'Hermitage
прохо́жий	-	un passant
идёт	-	il va (à pied)
река́	-	fleuve
большо́й	-	grand
музе́й	-	musée
о́чень	-	très
интере́сно	-	intéressant

Вопро́сы к те́ксту

а. Это Москва́?
б. Что сле́ва?
в. Что спра́ва?
г. Игорь зна́ет, где Эрмита́ж?
д. Кто зна́ет, где Эрмита́ж?
е. Это бли́зко?

ФОТОГАЛЕРЕЯ

САНКТ-ПЕТЕРБУРГ

Эрмита́ж

Дворцо́вая пло́щадь

Пе́тро-Па́вловская кре́пость

Кре́йсер "Авро́ра"

Ме́дный Вса́дник

Иса́акиевский собо́р

Мари́инский теа́тр

l'Hermitage
la Place du Palais — la Forteresse Pierre-et-Paul
le croiseur "Aurore" — le Cavalier de Bronze
la cathédrale St-Isaac — le Théâtre Mariinsky

УРОК 3 - LEÇON 3

Текст - "Антóн и Вéра" 76

Вот квартúра. Здесь живýт Антóн и Вéра. Антóн Михáйлович Петрóв - э́то стáрый друг Игоря, а Вéра Владúмировна Петрóва - э́то егó женá. Квартúра недалекó от метрó "Плóщадь Лéнина".

У Антóна и Вéры два сы́на, Сергéй и Вадúм. Сергéй - программúст. Вадúм - музыкáнт. Женá Вадима Марúя - украйнка. У Вадúма и Марúи дóчка Елизавéта. Знáчит Антóн - дéдушка, а Вéра - бáбушка.

У Антóна и Вéры сувенúр из Амéрики для Игоря. Это картúна из Калифóрнии.

квартúра	-	appartement
(онú) живýт	-	(ils) habitent
стáрый	-	vieux
друг	-	ami
егó	-	son/sa/ses (à lui - masculin)
программúст	-	programmeur
(он / онá) живёт	-	(il / elle) habite
украйнка	-	une Ukrainienne
знáчит	-	ce qui veut dire
картúна	-	tableau, peinture
Калифóрния	-	Californie

Вопрóсы к тéксту

а. Это квартúра Игоря?
б. Где квартúра?
в. Кто Сергéй?
г. Вадúм программúст?
д. Антóн дéдушка?
е. Вéра бáбушка?
ж. Марúя рýсская?
з. Кто Елизавéта?
и. Где живёт Елизавéта?

Стихотворение - Poem 77

Красивый город Петербург;
Антон и Вера там живут.
Есть в этом городе метро,
Антон живёт недалеко.
От центра города легко
К нему приехать на метро!

С.М. Козлов. 2008

красúвый	-	beau
гóрод	-	ville
легкó	-	il est facile
к немý	-	chez lui (mouvement)
приéхать	-	arriver (transport)

УРОК 4 - LEÇON 4

78 **Текст - "У Анто́на и Ве́ры"**

Игорь в кварти́ре у Анто́на и Ве́ры. Ве́ра о́чень ра́да его́ ви́деть. Но Анто́н не о́чень рад. Он учи́тель в шко́ле. У него́ мно́го рабо́ты.

Ве́ра - журнали́ст. Она рабо́тает в газе́те "Аргуме́нты и Фа́кты". Ра́ньше она жила́ и рабо́тала в Москве́. Там та́кже рабо́тала её колле́га Людми́ла Ки́сина, жена́ Игоря. Да, у Игоря ра́ньше была́ жена́ Людми́ла и есть сын Русла́н. Но тепе́рь Игорь живёт оди́н.

Ве́ра та́кже была́ в США, в Кита́е, в Япо́нии и в Ме́ксике. Она́ хорошо́ говори́т по-англи́йски и по-испа́нски и понима́ет немно́жко по-кита́йски. Она́ не понима́ет по-япо́нски. Она́ говори́т, что в Нью-Йорке и Пеки́не бы́ло о́чень интере́сно.

Игорь был в командиро́вке в Украи́не, Герма́нии и По́льше. Он хорошо́ говори́т по-неме́цки и немно́жко понима́ет по-по́льски. Он не говори́т по-украи́нски, но его́ партнёр в Ки́еве говори́т по-ру́сски.

учи́тель	-	professeur
шко́ла	-	école
мно́го	-	beaucoup
у него́	-	il a
газе́та	-	journal
аргуме́нты	-	arguments
фа́кты	-	faits
колле́га	-	collègue
ра́ньше	-	avant
та́кже	-	aussi
США	-	USA
Ме́ксика	-	Mexico
немно́жко	-	un peu
Пеки́н	-	Beijing
партнёр	-	partenaire

Ки́ев. Вокза́л

Ки́ев. Пло́щадь Незави́симости
Kiev. Place de l'Indépendance

Вопро́сы к те́ксту

а. Где живу́т Анто́н и Ве́ра?
б. Кто муж Ве́ры?
в. Где он рабо́тает?
г. Где рабо́тает Ве́ра?
д. Где она́ рабо́тала ра́ньше?
е. Где она́ была́?
ж. Она́ говори́т по-англи́йски?
з. Игорь говори́т по-украи́нски?
и. Кто говори́т по-украи́нски?

Ки́ев. Андре́евская це́рковь
Kiev. Eglise Saint-André

Песня - “Из аэропо́рта в центр”

Sur l'air du chant populaire russe “Из-за острова на стрежень”. 79

Из аэропо́рта как пое́дем
в центр го́рода Москвы́?
Авто́бус есть, но, как тури́сты,
мы пое́дем на такси́.
x 2

Там в це́нтре мы посмо́трим
Моско́вский Кремль и мавзоле́й,
а е́сли бу́дет у нас вре́мя,
мы посмо́трим и музе́й!
x 2

Вы не ска́жете, Мари́на,
где здесь у́лица Арба́т?
Она́ не зна́ет, я не зна́ю,
э́то на́до нам узна́ть!
x 2

До Арба́та не о́чень бли́зко.
Где здесь ста́нция метро́?
А я хочу́ в Большо́й теа́тр.
Это то́же далеко́!
x 2

А вы зна́ете, где Ва́ня?
Нет не зна́ю. Где же он?
Там в ГУМе покупа́ет
он моби́льный телефо́н.
x 2

Из аэропо́рта ...

как	comment
мы пое́дем	nous irons
тури́сты	touristes
мы посмо́трим	nous regarderons
Моско́вский Кремль	le Kremlin de Moscou
мавзоле́й	le mausolée (de Lénine)
е́сли бу́дет у нас вре́мя	si nous avons le temps
Вы не ска́жете, ...?	Vous me direz, ...?
на́до нам узна́ть	nous devons nous renseigner
о́чень	très
я хочу́	je veux
Ва́ня	Vania (diminutif d’Ivan)
ГУМ	GOUM (Grand Magasin d'Etat)
он покупа́ет	il achète
моби́льный телефо́н	téléphone portable

Москва́

80 **Текст - “Игорь в Новосиби́рске”**

Сего́дня понеде́льник. Игорь в командиро́вке в Новосиби́рске, столи́це Сиби́ри. Он заказа́л но́мер в гости́нице “Новосиби́рск” до четверга́. В но́мере есть телеви́зор, сейф, холоди́льник и телефо́н, но нет интерне́та. Там та́кже есть туале́т и душ.

Сего́дня у Игоря была́ встре́ча в це́нтре, и сейча́с уже по́здно. Рестора́н закры́т, и Игорь у́жинает в ба́ре. У Игоря в Новосиби́рске есть знако́мая, Не́лли. Она администра́тор в о́фисе в це́нтре го́рода. За́втра Игорь приглаша́ет Не́лли в теа́тр и в рестора́н.

Он заказа́л два биле́та в теа́тр и заказа́л сто́лик в рестора́не на у́лице Свердло́ва. Это грузи́нский рестора́н. Не́лли о́чень ра́да.

Вопро́сы к те́ксту

а. Где сего́дня Игорь?
б. Новосиби́рск в Сиби́ри?
в. В но́мере Игоря есть телефо́н?
г. В но́мере есть холоди́льник?
д. В но́мере есть интерне́т?
е. Игорь у́жинает в рестора́не?
ж. Где рабо́тает Не́лли?
з. Что заказа́л Игорь?
и. Где грузи́нский рестора́н?

Сиби́рь (f.)	- Sibérie
сейф	- coffre-fort
холоди́льник	- réfrigérateur
интерне́т	- Internet
душ	- douche
встре́ча	- rencontre
у́жинать	- dîner
знако́мая	- une connaissance (f.)
о́фис	- bureau
сто́лик	- table au restaurant
грузи́нский	- géorgien

ГОСТИНИЦА “НОВОСИБИРСК”

Тел. (383) 220-11-20
Факс. (383) 220-65-17
www.hotelfree.ru

Гостиница расположена в центре города, напротив железнодорожного вокзала.

Проживание в гостинице

Люкс двухкомнатный - высшая категория: душ, туалет, кондиционер, телевизор, холодильник и телефон.

Однокомнатный - высшая категория:
Одноместный - вторая категория:
Двухместный - вторая категория:
душ, туалет, телевизор, холодильник и телефон.

УРОК 6 - LEÇON 6

Текст - "Ресторáн в Новосиби́рске" 81

Сегóдня Игорь и Нéлли идýт в грузи́нский ресторáн. Вот свобóдный стóлик. Они читáют менló. Игорь хóчет вóдку, а Нéлли - бéлое винó. Официáнтка принóсит хлеб и закýски: икрý, колбасý, москóвский салáт и сыр. На пéрвое они́ закáзывают щи, на вторóе - грузи́нский шашлы́к. На десéрт Нéлли закáзывает морóженое, а Игорь - фруктóвый салáт. Ресторáн хорóший и не óчень дорогóй. Игорь был рад ви́деть Нéлли.

В ресторáне тáкже ýжинает америкáнский бизнесмéн. Он тóлько немнóжко говори́т по-рýсски. Америкáнец не хóчет суп. Он закáзывает пи́во, бифштéкс, картóшку, фруктóвый салáт, морóженое и кóфе.

они́ читáют	-	ils lisent
онá принóсит	-	elle apporte
они закáзывают	-	ils commandent

Вопрóсы к тéксту

а. Кудá Игорь и Нéлли идýт сегóдня?
б. Каки́е напи́тки закáзывают Игорь и Нéлли?
в. Каки́е закýски принóсит официáнтка?
г. Что закáзывают Игорь и Нéлли на пéрвое и на вторóе?
д. Что принóсит официáнтка на десéрт?
е. Ресторáн дорогóй?
ж. Америкáнец хорошó говори́т по-рýсски?
з. Он закáзывает типи́чный грузи́нский ýжин?

Песня - "Люблю я борщ" 82

Sur un air religieux suédois de Karl Boberg, "O store Gud".

Люблю́ я борщ
и щи, да и соля́нку.
Люблю́ я мя́со, сыр и колбасý.
Люблю́ я дáже
рýсскую овся́нку.
Люблю́ я всё,
не знáю почемý.

Да ресторáн, уж э́то для меня́
рай на землé, рай на землé.

Люблю́ винó,
шампáнское и вóдку,
но знáю, э́то
плóхо для меня́.
Пить бýду вóду,
лимонáд и кóфе,
томáтный сок
и чай без молокá.

Дай мне меню́! А где официáнт?
Не нáдо ждать! Не нáдо ждать!

овся́нка	-	bouillie de flocons d'avoine
почемý	-	pourquoi
рай	-	Paradis
земля́	-	terre
я бýду пить	-	je boirai
без (+ gén.)	-	sans
ждать	-	attendre

УРОК 7 - LEÇON 7

Текст - “О Не́лли” (83)

Игорь давно́ не ви́дел Не́лли и про́сит её рассказа́ть о себе́. Сейча́с она́ живёт и рабо́тает в Новосиби́рске. Новосиби́рск - э́то столи́ца Сиби́ри, изве́стный полити́ческий, культу́рный, нау́чный и индустриа́льный центр на реке́ Обь. Муж Не́лли - Никола́й Петро́вич - интере́сный челове́к. Он не лю́бит ходи́ть в кино́ и теа́тр. В свобо́дное вре́мя он е́здит далеко́ в го́ры и́ли ло́вит ры́бу. Не́лли хо́дит на о́перу, на бале́т и на конце́рты одна́. У них есть сын Ди́ма и дочь Ната́ша. Ди́ма хо́дит в шко́лу, а Ната́ша - в де́тский сад. Не́лли рабо́тает в о́фисе в це́нтре го́рода. Она́ е́здит на рабо́ту на трамва́е.

Уже́ по́здно. Пора́ идти́ домо́й. Не́лли благодари́т Игоря за вку́сный у́жин, и Игорь опла́чивает счёт.

давно́	-	depuis longtemps
проси́ть	-	demander
нау́чный	-	scientifique
е́здить	-	aller (régulièrement, transport)
го́ры	-	montagnes
лови́ть ры́бу	-	aller à la pêche
у них есть	-	ils ont
де́тский сад	-	jardin d'enfants
благодари́ть	-	remercier
у́жин	-	le dîner
опла́чивать	-	payer

Вопро́сы к те́ксту

а. Где живёт Не́лли?
б. Како́й го́род Новосиби́рск?
в. Кто муж Не́лли?
г. Что он лю́бит де́лать?
д. Куда́ Не́лли хо́дит одна́?
е. У них есть де́ти? Как их зову́т?
ж. Где рабо́тает Не́лли?
з. Кто опла́чивает счёт в рестора́не?

куда́?	-	où? (direction)
де́ти	-	enfants
Как их зову́т?	-	Comment s'appellent-ils?

Часо́вня Никола́я Чудотво́рца на Кра́сном проспе́кте в Новосиби́рске. Часо́вня символизи́рует центр террито́рии Росси́йской Федера́ции.

La Tour de l'horloge de Nicolas-le-Miraculeux sur l'avenue Rouge à Novosibirsk. Cette tour représente le centre symbolique de la Fédération de Russie.

Стихотворение (84)

В Новосибирске как-то раз
я в ресторане встретил вас.
Свободный столик рядом был.
“Как вас зовут?” - я вас спросил.
Вы не ответили тогда.
О Нелли, вы моя мечта!
Я в ресторане встретил вас
в Новосибирске как-то раз.

С.М. Козлов. 2008

как-то раз	-	une fois
встре́тить	-	rencontrer
ря́дом	-	à côté
спроси́ть	-	poser une question
отве́тить	-	répondre
мечта́	-	rêve (aspiration)

УРОК 8 - LEÇON 8

Текст - “У Игоря нет де́нег”

Сейча́с уже́ семь часо́в ве́чера. В Новосиби́рске все ба́нки закры́ты, а у Игоря нет де́нег. В го́роде не о́чень мно́го банкома́тов, но Игорь зна́ет, что на у́лице Шевче́нко есть банкома́т. Он идёт туда́. Всё бу́дет хорошо́, е́сли креди́тная ка́рточка рабо́тает. 85

В оди́ннадцать часо́в Игорь в но́мере. Он уста́л. Но те́перь де́ньги есть. Вдруг звони́т его́ со́товый телефо́н. Како́й сюрпри́з! Это его́ бы́вшая жена́, Людми́ла.

Людми́ла забы́ла, что в Новосиби́рске уже́ оди́ннадцать часо́в. В Москве́ сейча́с то́лько во́семь. Людми́ла спра́шивает о рабо́те Игоря и о его́ командиро́вке. Она́ спра́шивает о Не́лли и Никола́е. Пото́м она́ говори́т, что ста́рый друг Игоря, Ива́н Козло́в, сейча́с рабо́тает в Москве́. Она́ говори́т, что Ива́н уже́ миллионе́р.

– Нет, говори́т Игорь. - Не мо́жет быть. У него́ нет де́нег.
– Ты не прав. Миллионе́р. И он да́же был в США.
– Тогда́ приве́т ему́ от меня́! Но здесь уже́ по́здно. Почему́ ты так по́здно звони́шь? Потому́ что забы́ла, что я в Сиби́ри? Ну, ла́дно. Споко́йной но́чи!

банкома́т	- distributeur de billets	ты прав	- tu as raison
туда́	- là (direction)	у него́	- il a
бу́дет	- sera	да́же	- même
е́сли	- si	приве́т	- un salut
креди́тная ка́рточка	- carte de crédit	ему́	- pour lui
уста́л	- fatigué	ла́дно	- d'accord
вдруг	- soudain	Споко́йной но́чи!	- Bonne nuit!
звони́ть	- sonner		
со́товый телефо́н	- téléphone portable		
сюрпри́з	- une surprise		
бы́вший	- ancien		
спра́шивать	- poser une question		
ста́рый	- vieux		

Вопро́сы к те́ксту

а. Почему́ ба́нки в Новосиби́рске закры́ты?
б. Кака́я пробле́ма у Игоря?
в. Где банкома́т?
г. Где Игорь, когда́ Людми́ла звони́т?
д. Ско́лько вре́мени в Новосиби́рске, когда́ она́ звони́т?
е. А ско́лько вре́мени в Москве́?
ж. О ком она́ спра́шивает?
з. Что она́ говори́т об Ива́не Козло́ве?
и. Игорь ду́мает, что э́то пра́вда?

о ком? - à propos de qui?

УРОК 9 - LEÇON 9

86

Текст - “В теа́тре”

Игорь и Не́лли в теа́тре о́перы и бале́та. Там идёт бале́т “Анна Каре́нина”. Игорь покупа́ет програ́ммку, и они́ иду́т в ло́жу. Места́ хоро́шие, и бале́т отли́чный. В антра́кте они́ иду́т в буфе́т. Игорь зака́зывает бе́лое вино́ и шампа́нское. Не́лли на́до позвони́ть му́жу, потому́ что бале́т по́здно конча́ется. Она́ говори́т Никола́ю, что её не на́до ждать. Начина́ется второ́й акт. Не́лли о́чень нра́вится э́тот бале́т. Она́ смотре́ла его́ уже́ три ра́за. В оди́ннадцать часо́в бале́т конча́ется.

Игорь приглаша́ет Не́лли в рестора́н, но она́ не хо́чет, потому́ что за́втра ей на́до быть ра́но на рабо́те, а по́сле рабо́ты она́ идёт к врачу́. Уже́ по́здно. Не́лли е́дет домо́й на такси́, а Игорь возвраща́ется в гости́ницу пешко́м.

В но́мере звони́т моби́льник. Там СМС от Людми́лы - “Извини́, что я вчера́ так по́здно звони́ла!”

Ну, ла́дно. - улыба́ется Игорь. А почему́ она́ так по́здно посыла́ет СМС?!

отли́чный	-	excellent
покупа́ть	-	acheter
ло́жа	-	loge (au théâtre)
спекта́кль (m.)	-	spectacle
ра́но	-	tôt
по́сле (+ gén.)	-	après
пешко́м	-	à pied
СМС	-	SMS
улыба́ться	-	sourire
посыла́ть	-	envoyer

Вопро́сы к те́ксту

а. Где Игорь и Не́лли?
б. Что они смо́трят?
в. Каки́е у них места́?
г. Что они́ де́лают в антра́кте?
д. Почему́ Не́лли звони́т му́жу?
е. Ско́лько раз Не́лли смотре́ла бале́т “Анна Каре́нина”?
ж. Когда́ бале́т конча́ется?
з. Почему́ Не́лли не хо́чет идти́ в рестора́н?
и. Как они́ иду́т домо́й по́сле бале́та?

Новосиби́рский теа́тр о́перы и бале́та

Песня - "Концерт."

Sur la musique de la chanson "Подмоско́вные вечера́" - "Soirées près de Moscou". 87

В пять часо́в конце́рт начина́ется.
Я хочу́ послу́шать кларне́т!
То́лько пять мину́т, мы не мо́жем ждать. ⎤ x 2
Ах, скажи́, Ва́ня, где биле́т? ⎦

Здесь игра́ют вальс Шостако́вича.
Слы́шны тру́бы, скри́пки, тромбо́н.
Как вам нра́вится э́та му́зыка? ⎤ x 2
Да́же есть там аккордео́н. ⎦

А в антра́кте пьём мы шампа́нское.
Я хочу́ програ́ммку купи́ть.
Там напи́сано, кто наш дирижёр, ⎤ x 2
да и кто молодо́й соли́ст! ⎦

В семь часо́в конце́рт уж конча́ется.
Нам пора́ поéхать домо́й.
А я так люблю́ э́ту му́зыку - ⎤ x 2
ско́ро бу́дет конце́рт друго́й! ⎦

вальс	-	valse
слышны́	-	sont audibles
вме́сте	-	ensemble
пить	-	boire
купи́ть	-	acheter
напи́сано	-	est écrit
дирижёр	-	chef d'orchestre
молодо́й	-	jeune
соли́ст	-	soliste
уж / уже́	-	déjà
друго́й	-	autre

Мари́инский теа́тр, Санкт Петербу́рг

88 Текст - На да́че

В суббо́ту и в воскресе́нье Игорь был на да́че у Не́лли и Никола́я. Да́ча нахо́дится в лесу́, далеко́ от го́рода. От це́нтра Новосиби́рска - почти́ два часа́ на маши́не.

Это большо́й, деревя́нный дом. Внизу́ - прихо́жая, ку́хня и больша́я гости́ная. На ку́хне традицио́нная ру́сская печь. В гости́ной дива́н, два кресла и сто́лик. На стене́ - часы́, карти́ны и фотогра́фии. Наверху́ - спа́льня и кабине́т Никола́я. В кабине́те - пи́сьменный стол и второ́й дива́н. На стене́ - афга́нский ковёр.

Ста́рая ме́бель и ста́рые ве́щи - на чердаке́. В гараже́ - лы́жи, са́нки, велосипе́ды и ста́рый неме́цкий мотоци́кл. В подва́ле - карто́шка. Около до́ма - небольшо́й огоро́д. Там о́вощи и я́годы. Недалеко́ - коло́дец, сара́й и туале́т.

На да́че нет га́за, нет электри́чества и нет телефо́на. Вода́ в коло́дце. Ла́мпы кероси́новые. В сентябре́ Никола́й хо́чет купи́ть генера́тор.

По́сле обе́да Игорь, Не́лли и Никола́й сидя́т на вера́нде. Они пьют чай с варе́ньем. Не́лли игра́ет на балала́йке и поёт. Игорь и Никола́й игра́ют в ша́шки, а де́ти игра́ют с кото́м.

Ве́чером друзья́ сидя́т на ку́хне и разгова́ривают. Дети спят. Недалеко́ в лесу́ поёт солове́й. Как хорошо́! Игорь говори́т, что у него́ ско́ро бу́дет но́вая рабо́та в го́роде Байка́льске, на берегу́ Байка́ла. Но пока́ э́то всё о́чень секре́тно.

находи́ться	- se trouver	велосипе́д	- vélo
лес	- forêt	мотоци́кл	- moto
почти́	- presque	я́годы	- baies
деревя́нный	- en bois	коло́дец	- puits
прихо́жая	- entrée	сара́й	- grange
традицио́нный	- traditionnel	кероси́новый	- de kérosène (adj.)
печь (f.)	- poêle	генера́тор	- générateur
стена́	- mur	вера́нда	- véranda
часы́	- horloge	сиде́ть	- être assis
кабине́т	- bureau	варе́нье	- confiture
афга́нский	- afghan	кот	- chat
ковёр	- tapis	друзья́	- amis
пи́сьменный	- pour écrire (adj.)	солове́й	- rossignol
вещь (f.)	- chose	бе́рег	- bord
черда́к	- grenier	Байка́л	- Baïkal
подва́л	- cave	пока́	- pour le moment
лы́жи	- skis	секре́тно	- secret
са́нки	- traineau		

Вопро́сы к те́ксту

а. Где был Игорь в суббо́ту и в воскресе́нье?
б. Где нахо́дится да́ча Не́лли и Никола́я?
в. Это но́вый дом?
г. Какие ко́мнаты внизу́ и каки́е наверху́?
д. Кака́я ме́бель в до́ме?
е. Что в подва́ле и на чердаке́?
ж. Что в огоро́де?
з. Где туале́т?
и. Каки́е удо́бства на да́че?
к. Как Вы ду́маете, почему́ Никола́й хо́чет купи́ть генера́тор?
л. Что говори́т Игорь о рабо́те?

Ру́сская да́ча

Стихотворение 89

Люблю на дачу ездить я.
Здесь собираются друзья.
Я на камин люблю смотреть,
а Нелли очень любит петь.
Я тоже вместе с ней пою -
живём на даче, как в раю.
И соловей, услышав нас,
заводит песню в тот же час.
Поют и все мои друзья ...
Люблю на дачу ездить я!

С.М. Козлов - 2008

собира́ться	-	se réunir
ками́н	-	cheminée
услы́шав нас	-	nous ayant entendus
заводи́ть	-	commencer (qqch)
в тот же час	-	au même instant

Ру́сский лес

90 **Степь да степь кругóм**

Степь да степь кругóм,
Путь далёк лежи́т.
В той степи́ глухóй
Умирáл ямщи́к.

И набрáвшись сил,
Чу́я смéрти час,
Он товáрищу
Отдавáл накáз.

Ты, товáрищ мой,
Не попóмни зла.
Здесь в степи́ глухóй
Схорони́ меня́.

А женé скажи́,
Что в степи́ замёрз,
А любóвь её
Я с собóй унёс.

Степь да степь кругóм,
Путь далёк лежи́т.
В той степи́ глухóй
Умирáл ямщи́к.

La steppe autour

La steppe est tout autour de nous,
La route distante devant nous.
Dans cette steppe si lointaine,
Le cocher était en train de mourir.

Et, rassemblant ses forces,
Sentant l'heure de sa mort.
A son camarade
Il a donné une commande.

Toi, mon camarade,
Oublie nos malentendus.
Ici, dans la steppe lointaine
Enterre-moi.

Et dis à ma femme
Que j'ai gelé dans la steppe.
Et que son amour,
Je l'ai emporté avec moi.

La steppe est tout autour de nous,
La route distante devant nous.
Dans cette steppe si lointaine,
Le cocher était en train de mourir.

Голос:

Cette ancienne chanson est chantée par le choeur "Rossica". Vous pouvez obtenir leur CD à : www.ruslan.co.uk

Неудачное свиданье

(30-е годы 20-го века.
Слова Б. Тимофеева, музыка А. Цфасмана.) 91

Тебя просил я быть на свиданье,
Мечтал о встрече, как всегда.
Ты улыбнулась, слегка смутившись,
Сказала: Да, да, да, да!

С утра побрился и галстук новый
С горошком синим я надел.
Купил три астры, в четыре ровно
Я прилетел.

– Я ходил!
– И я ходила!
– Я вас ждал!
– И я ждала!
– Я был зол!
– И я сердилась!
– Я ушёл!
– И я ушла!
Мы были оба:
– Я у аптеки!
– А я в кино искала вас!
– Так, значит, завтра,
на том же месте, в тот же час!] x2

Un rendez-vous malheureux

Je t'ai demandé de venir à un rendez-vous,
Je rêvais de notre rencontre, comme toujours.
Tu as souri, un peu embarrassée,
Et dit : Oui, oui, oui, oui !

Le matin je me suis rasé et
J'ai mis une nouvelle cravate à pois bleus.
J'ai acheté trois asters, à quatre heures pile
J'ai accouru
- Je vous ai cherchée !
- Et moi, je vous ai cherché !
- Je vous ai attendue !
- Et moi, je vous ai attendu !
- J'étais furieux !
- Et moi fâchée !
- Je suis parti !
- Et moi, je suis partie !
Nous étions tous les deux :
- Moi, près de la pharmacie !
- Et moi, je vous cherchais au cinéma !
- Bon, alors, demain,
Au même endroit, à la même heure !

Cette chanson des années 30 est chantée par des étudiants du Collège Musical de Gnessins à Moscou. Elle est tirée de la collection "Chansons russes de Ruslan" - ISBN 978-1-899785-28-5

CORRIGÉ DES EXERCICES

УРОК 1 - УПРАЖНЕНИЯ

1. а) ваш. б) моя. в) ваш. г) он. д) она. е) она. ж) он.
2. а) Да, мой. б) Вот она. в) Нет, я бизнесмен. г) Спасибо. д) Нет, это Москва. е) Пожалуйста. ж) Вот он. з) Нет, это аспирин.
3. - Где мой паспорт? - Вот ваш паспорт. - Спасибо. - Пожалуйста.

УРОК 1 - ЧИТАЙТЕ!

1. ВЫДАЧА БАГАЖА - Livraison des bagages, ТРАНЗИТ - Transit, № РЕЙСА - Numéro du vol, КРАСНЫЙ КОРИДОР - Couloir rouge, НЕ КУРИТЬ - Défense de fumer, ПАСПОРТНЫЙ КОНТРОЛЬ - Contrôle des passeports, РЕГИСТРАЦИЯ - Enregistrement, ТУАЛЕТ - Toilettes, СУВЕНИРЫ - Souvenirs, ВЫХОД - Sortie, ПАРФЮМЕРИЯ - Parfumerie, ВЫХОДА НЕТ - Sortie interdite.
2. Suggestions: паспорт, икона, наркотик, виски, доллар, декларация.
3. Dollar, livre, rouble, euro, yen japonais, yuan chinois, roupie indienne.
4. Ford, Renault, Mercedes, Lada, Fiat, Jaguar, Moskvich, BMW, Volvo, Citroen, Volga, Cadillac, Toyota. - Lada, Moskvich, Volga.
5. Pour les Etats Unis - Домоде́дово, pour 'Europe de l'Ouest - Шереме́тьево-D ou F, ou Домоде́дово, pour les pays Baltiques - Шереме́тьево-E, pour l'Ukraine - Шереме́тьево-E, pour la Chine - Шереме́тьево-F. Pour le nord de la Russie - Вну́ково, pour le sud de la Russie - Домоде́дово, pour la Sibérie - Шереме́тьево-D ou Домоде́дово.

УРОК 1 - ПИШИТЕ!

Marie Laroche, Laurent Delaunay, Jean-Claude Monville.

УРОК 1 - СЛУШАЙТЕ!

1. Passeport, visa, déclaration. 2. Tourisme. 3. Londres, Cambridge, Birmingham, Manchester, Windsor, Liverpool. 4. Oui.

УРОК 2 - УПРАЖНЕНИЯ

1. а) метро, б) план, в) Идите, г) сумка, д) понимаете, е) пожалуйста, ж) знаю, з) близко, и) ваш.
2. Кинотеатр - прямо и направо. Театр - прямо и налево. Буфет - прямо и налево. Ресторан - прямо. Метро - прямо и направо.
3. Идите! - Allez! / Скажите! - Dites (-moi)! / Извините! - Excusez (-moi)! / Слушайте! - Ecoutez! Читайте! - Lisez! / Идите прямо! - Allez tout droit! / Идите направо! - Allez à droite! Идите налево! - Allez à gauche! / Пишите! - Ecrivez!

УРОК 2 - ЧИТАЙТЕ И ПИШИТЕ!

1. Bordeaux, Paris, Besançon, Lyon, Dieppe, Avignon, Orléans, Strasbourg, Grenoble, Brest, Quimper, Marseille, Perpignan, Toulon, Cannes, Nice.
2. Simpson and Son Ltd., Nicholas Robertson
3. МУЗЕЙ - Musée, МЕТРО - Métro, СТОЯНКА ТАКСИ - Station de Taxis, УЛИЦА - Rue, ТУРИЗМ - Tourisme, ИНТУРИСТ - Intouriste, КАССА - Guichet, КИОСК - Kiosque, МЕДПУНКТ - Soins médicaux ПРОСПЕКТ - Avenue, ПОЛИЦИЯ - Police, РЕМОНТ - Réparation, ТЕАТР - Théâtre, ЦЕНТР - Centre
4. Trouvez les villes :

По-горизонта́ли :

```
      Т О М С К М О С К В А
  К И Е В         Я Л Т А
  П Е Т Е Р Б У Р Г
          С М О Л Е Н С К
      В Л А Д И В О С Т О К
            С А Р А Т О В
        С А М А Р А
      И Р К У Т С К
  С А Р А Н С К     О М С К
```

По-вертика́ли :

```
В         М
О         У         У
Л         Р         Ф
Г М       М         А
О И       А
Г Н       Н
Р С       С
А К       К
Д         Н
```

УРОК 2 - СЛУШАЙТЕ!

1. Smolenskaya. 2. Non. 3. Улица Веснина.

УРОК 3 - УПРАЖНЕНИЯ

1. а) Да. б) Нет. в) Нет. г) Нет. д) Нет. е) Нет. ж) Нет
2. а) Не очень. б) Да. в) Нет. г) Нет. д) Нет.
3. а) Можно. б) понимаю. в) вас. г) знаете. д) визы. е) гостиницы. ж) вас. з) для / мамы.
4. а) Четыре. б) Семь. в) Девять. г) Три. д) Ноль.

УРОК 3 - ЧИТАЙТЕ!

1. 1. Пётр Степанович. 2. Борис Владимирович. 3. Нина Петровна. 4. Иван Николаевич. 5. Галина Борисовна. 6. Марина Павловна.
2. Елена/Егор - Иванова Мария Алексеевна/Нудин

УРОК 3 - СЛУШАЙТЕ!

1. Neveu (Fils de sa soeur). 2.Saransk. 3.Nina. 4.Non.

УРОК 4 - УПРАЖНЕНИЯ

1. а) Он работал. б) Да, она была в Лондоне. в) Нет, он из Саранска.
   г) Да, он был в Лондоне. д) Да, он обедал.
2. а) в центре. б)в чемодане. в) в ресторане. г) на поезде.
3. а) были. б) был. в) была. г) был. д) были. е) делали. ж) работали. з) знал/был.
   и) ждал
4. - Что вы делали в Лондоне?
   - Я работала.
   - А где в Лондоне вы работали?
   - Я работала в центре.
   - А где вы жили?
   - Я жила в гостинице.
5. а) знаю. б) думаете. в) обедаете. г) работает. д) понимают. е) знаешь, работает. ж) обедаем.

УРОК 4 - СЛУШАЙТЕ! 1. Non. 2. Non. 3. Le "Hilton".

УРОК 4 - ЧИТАЙТЕ И ПИШИТЕ! Извините. Я забыл/-ла. Я работал/-ла в Париже.

УРОК 5 - УПРАЖНЕНИЯ

1. а) Нет б) Да в) Да г) Да д) Нет е) Нет ж) Да з) Нет.
2. а) был б) есть в) открыт г) закрыта д) заказал е) смотрите ж) работает з) смотрит.
3. - Я вас приглашаю в ресторан.
   - Очень хорошо! А когда?
   - Завтра, в час.
   - Хорошо! А где?
   - Здесь в ресторане в гостинице.
4. а) Иван смотрит телевизор. б) Бар закрыт. в) Зоя Петровна в ресторане.
   г) Касса закрыта. д) Людмила работает в Москве. е) Мы знаем Петербург.
   ж) Они не понимают.

УРОК 5 - СЛУШАЙТЕ!

1. Mikhail Sergeyevitch. 2. Aujourd'hui. 3. rue Arbat. 4. Oui. 5. Le numéro d'Ivan (293 2526).

УРОК 6 - УПРАЖНЕНИЯ

1. а) Да. б) Да. в) Да. г) Людмила. д) Иван. е) Чёрный. ж) Белый. з) Не один.
2. - Смотрите, вот Вадим!
   - А что он здесь делает?
   - Я не знаю, что он делает.
   - А он не один!
   - Да, он не один!
   - Какой сюрприз!
   - Приятного аппетита!
3. Что вы хотите?
   Я хочу салат и вино.
   А я хочу икру, хлеб и водку.
   Я хочу икру и бутылку вина.
   Я тоже хочу вино.
   Хорошо! Девушка, принесите, пожалуйста, салат, вино, икру, хлеб и водку.

УРОК 6 - СЛУШАЙТЕ!

1. Elle est allergique. 2. Du vin rouge. 3. De la salade, du caviar, du salami.
4. Il est bon, mais cher.

УРОК 6 - ГОВОРИТЕ!

1. Кра́сная и чёрная икра́. 2. Колбаса́ "Моско́вская". 3. Росси́йский сыр. 4. Моско́вский сала́т. 5. Осетри́на заливна́я. 6. Борщ и щи. 7. Сиби́рские пельме́ни. 8. Котле́та по-Ки́евски. 9. Грузи́нский шашлы́к. 10. Во́дка "Столи́чная", минера́льная вода́, вино́ и шампа́нское. 11. Фрукто́вый сала́т и Муска́т.

УРОК 7 - УПРАЖНЕНИЯ

1. а) Да. б) Ходить в кино, в театр, смотреть телевизор...в) Нет. г) Нет. д) Нет.
   е) Да. ж) Нет.
2. а. Иван живёт и работает в Саранске.
   б. Людмила любит смотреть телевизор.
   в. Вадим часто приглашает Людмилу в кино.
   г. Саранск большой индустриальный город.
   д. Людмила идёт домой.
3. - Что вы делаете в свободное время?
   - Я люблю читать книги.
   - А вы любите ходить в кино?
   - Да, конечно люблю.
   - А сегодня вы идёте на оперу?
   - Да, иду.
   - Кто вас приглашает?
   - Миллионер!

4. Стюардесса говорит об аэропорте. Актёр говорит о театре. Почтальон говорит о почте. Программист говорит о компьютере. Журналист говорит о журнале. Космонавт говорит о космосе. Музыкант говорит о музыке. Кинокритик говорит о фильме. Таксист говорит о машине. Тракторист говорит о тракторе.

УРОК 7 - ЧИТАЙТЕ И ПИШИТЕ!

1. а) Нижний Новгород. б) Санкт-Петербург. в) Иркутск. г) Москва.

УРОК 7 - СЛУШАЙТЕ!

1. Dans le restaurant de l'hôtel Mars.
2. Que Véra pensait qu'Ivan est le mari de Ludmila. 3. Oui. 4. Non.

УРОК 8 - УПРАЖНЕНИЯ

1. а) Да. б) Нет. в) Да. г) Да. д) Да. е) Нет. ж) Нет. з) Да. и) Нет.
2. - Алло
   - Кто говорит?
   - Это Питер. Вы меня помните?
   - Конечно, помню. Какие у вас планы на сегодня?
   - У меня нет планов.
   - Пожалуйста, приезжайте к нам.
   - С удовольствием. А когда?
   - Приезжайте в восемь часов.
   - Очень хорошо!
3. а. Туристы читают журналы.
   б. Туристки читают книги.
   в. Инженеры были здесь.
   г. Новые студенты тоже были здесь.
   д. Магазины открыты.
   е. Это новые телевизоры?
   ж. Английские бизнесмены не говорят по-русски.
   з. Новые дома.
   и. Интересные дела.
4. а. Кинокритик обедает.
   б. Это русский город.
   в. Ресторан открыт.
   г. Это хороший билет.
   д. Ва́ша кни́га.
   е. Мой сувени́р.
   ж. Америка́нский па́спорт.
   з. Моско́вская у́лица.
5. В Москве много автобусов, театров, парков и туристов. В Москве мало каналов. В Санкт-Петербурге много каналов.

УРОК 8 - ЧИТАЙТЕ

1. Sergei Essénine et Boulat Okudzhava - Le cimetière Vagangovskoye. Les autres - Le cimetière Novodyevitchy.
2. Des postes de télévision, Caméscopes, lecteurs multimédia, ordinateurs, portables, tablettes, imprimantes, navigateurs, smartphones, webcams, microphones. Du Japon, de Chine, de Corée.

УРОК 8 - СЛУШАЙТЕ

Le théâtre Bolchoï. Demain. L'opéra “Снегурочка” parce que c'était pendant la soirée. A 7h.

УРОК 9 - УПРАЖНЕНИЯ

1. а) Нет. б) Нет. в) Да. г) Нет. д) Да. е) Да.
2. - Зоя Петровна? Добрый вечер!
   - Добрый вечер. Вы в театре?
   - Да, я в театре.
   - А как вам нравится опера?
   - Мне очень нравится. Прекрасная опера.
   - А когда она кончается?
   - Она кончается поздно. Не надо меня ждать.
3. Людмила говорит Зое Петровне, что завтра она идёт к врачу, но она говорит Ивану, что она идёт к подруге.
4. Аршавин играет в футбол. Буре́ - хоккей. Каспаров - шахматы. Шарапова - теннис. Шевченко - футбол. Южный - теннис.

УРОК 9 - ЧИТАЙТЕ И ПИШИТЕ

а. Le Chat botté. Le 21 juin à 20 heures.
б. Igor Lagoutine - Soldat, Larisa Kornieva - Princesse, Victor Ivanov - Chat.
в. M. Shapiro.

УРОК 9 - ЧИТАЙТЕ

1. а) Au Kremlin. б) Napoléon Bonaparte. в) Orchestre présidentiel de la Fédération de Russie.
2 а) Dimanche 22 septembre à 16 heures sur la place Maniezhnaia. б) La dictature. в) Pour.

УРОК 9 - СЛУШАЙТЕ

1. Après le théâtre. 2.Oui. 3.Non. 4.Non.

УРОК 10 - УПРАЖНЕНИЯ

1. а) С молоком. б) У Питера. в) Нет. г) Да. д) Нет. е) Большой телевизор. ж) Нет. з) Ей не интересно.
2. - А вы живёте в центре Лондона?
   - Нет, но недалеко от центра.
   - У вас квартира?
   - Нет, я живу в доме.
   - Интересно. А это большой дом?
   - Нет. Это обычный дом. Два этажа. Но сад большой.
   - Очень интересно. А с кем вы живёте? С женой?
   - У меня нет жены. Я живу с мамой.

3. а) молоком. б) матерью. в) Питером. г) Вадимом. д) Людмилой. е) любовью.
4. Нет, о Питере! / Нет, о Людмиле!
Нет, Питер! / Нет, Людмила!
Нет, в доме Питера! / Нет, в доме Людмилы!
Нет, у Питера! / Нет, у Людмилы!
Нет, Питеру! / Нет, Людмиле!
Нет, с Питером! / Нет, с Людмилой!

УРОК 10 - ЧИТАЙТЕ!

a. 11.50 - Le volleyball. Ostankino
14.30 - Le tennis. Ostankino
23.50 - Le hockey sur glace. Ostankino.

б. 08.55 - Un concert. Rossiya.
11.15 - Festival de musique à St. Pétersbourg. Rossiya.
17.00 - Un concert. Ostankino.

в. 13.55 - Ressources pétrolières de la Sibérie. Rossiya.

УРОК 10 - СЛУШАЙТЕ!

1. Une pièce. Tout le confort moderne. Grand. Clair.
2. Pas très. 3. Rue Arbat.
4. Non. 246-89-74.

Textes des dialogues d'écoute

Nous vous donnons ici le script des dialogues "СЛУШАЙТЕ!", que vous pouvez étudier après avoir fait les exercices des leçons. Vous trouverez dans les dialogues des constructions grammaticales qui n'apparaissent pas forcément dans la leçon, et du vocabulaire que vous trouverez dans le lexique (page 152).

1. АЭРОПОРТ

11

Тамо́женник: Ваш па́спорт, пожа́луйста.
Людми́ла: Вот, пожа́луйста.
Тамо́женник: А где ва́ши ви́за и деклара́ция?
Людми́ла: Вот.
Тамо́женник: Так. Хорошо́. Вы прие́хали из Англии?
Людми́ла: Да.
Тамо́женник: С како́й це́лью вы е́здили в Англию?
Людми́ла: Тури́зм.
Тамо́женник: Каки́е города́ вы посети́ли?
Людми́ла: Ло́ндон, коне́чно. Я там жила́. Кро́ме э́того: Ке́мбридж, Би́рмингем, Манче́стер, Ви́ндзор, Ливерпу́ль.
Тамо́женник: Что у вас в багаже́?
Людми́ла: Оде́жда, сувени́ры, фотоаппара́т.
Тамо́женник: Вот ваш па́спорт. Проходи́те.

2. УЛИЦА

17

Ива́н: Скажи́те пожа́луйста, что это за зда́ние?
Прохо́жий: Это музе́й Пу́шкина.
Ива́н: А метро́ "Смоле́нская" отсю́да далеко́?
Прохо́жий: Нет, это бли́зко. Де́сять мину́т. А вам куда́?
Ива́н: Мне нужна́ у́лица Веснина́, дом де́сять.
Прохо́жий: Да, это бли́зко от метро́ "Смоле́нская". Иди́те пря́мо, и у́лица Веснина́ нале́во.
Ива́н: Спаси́бо.
Прохо́жий: Не́ за что.

23 **3. СЕМЬЯ**

Людми́ла: Зо́я Петро́вна, а кто э́тот Ива́н?
З. Петро́вна: Ива́н? Мой племя́нник. Сын моéй сестры́. Я то́же из Сара́нска. У меня́ в Сара́нске сестра́. А Ива́н её сын.
Людми́ла: Пра́вда? Вы из Сара́нска?! А как зову́т ва́шу сестру́?
З. Петро́вна: Её зову́т Ни́на... Ни́на Петро́вна. Я её о́чень давно́ не ви́дела.
Людми́ла: Так Ива́н и Вади́м не знако́мы?
З. Петро́вна: Да, не знако́мы.
Людми́ла: Как интере́сно!

29 **4. ГДЕ ВЫ БЫЛИ?**

Людми́ла: Вади́м, как ты ду́маешь, Ива́н бога́тый?
Вади́м: Ду́маю, миллионе́р.
Людми́ла: Почему́ ты так ду́маешь?
Вади́м: Я, коне́чно, не зна́ю, но Сара́нск большо́й го́род. А как ты ду́маешь, что он де́лал в Ло́ндоне? Сара́нск, Ло́ндон, бизнесме́н. Да! Ду́маю, он миллионе́р!
Людми́ла: А ты то́же миллионе́р?
Вади́м: Ну что ты, Лю́дочка! Ты же меня́ зна́ешь. Я не миллионе́р. Ты лу́чше скажи́ мне, где ты жила́ в Ло́ндоне?
Людми́ла: Я жила́ в гости́нице, в гости́нице Хи́лтон.
Вади́м: Это далеко́ от це́нтра?
Людми́ла: Это в са́мом це́нтре. Недалеко́ от Гайд Па́рка.

37 **5. ГОСТИНИЦА**

М.С.: Алло́!
Ива́н: Михаи́л Серге́евич? Здра́вствуйте! Это Ива́н Козло́в говори́т.
М.С.: Козло́в из Сара́нска? Вы уже́ в Москве́? Когда́ прилете́ли?
Ива́н: Сего́дня.
М.С.: Где вы останови́лись?
Ива́н: В гости́нице “Марс”. Зна́ете э́ту гости́ницу? Она́ на Арба́те.
М.С.: Ну, прекра́сно! Это недалеко́. Так мы вас ждём за́втра. У вас а́дрес есть?
Ива́н: Да, а́дрес есть.
М.С.: Ну прекра́сно! А како́й у вас там телефо́н?
Ива́н: Телефо́н? Сейча́с. Запиши́те. 293 2526.
М.С.: Хорошо́! 293 2526. Записа́л. До за́втра.
Ива́н: До за́втра.

45 **6. РЕСТОРАН**

Вади́м: Ве́ра, что вы хоти́те на заку́ску?
Ве́ра: А что у них есть?
Вади́м: Хоти́те икру́?
Ве́ра: Нет, спаси́бо. Икру́ мне нельзя́. У меня́ от икры́ аллерги́я.
Вади́м: А пить что вы хоти́те?
Ве́ра: Если мо́жно, кра́сное вино́.
Вади́м: Ну, коне́чно, мо́жно. Де́вушка, принеси́те, пожа́луйста буты́лку кра́сного вина́, сала́т, икру́ и колбасу́. Пока́ всё, а там - посмо́трим.
Ве́ра: А здесь о́чень непло́хо!
Вади́м: Да, рестора́н о́чень хоро́ший, но, к сожале́нию, о́чень дорого́й.

7. О СЕБЕ 52

Ве́ра: Вади́м, кто э́то сиде́л в рестора́не в гости́нице Марс?

Вади́м: А, э́то моя́ о́чень хоро́шая знако́мая. Её зову́т Людми́ла.

Ве́ра: Людми́ла. А э́то был её муж?

Вади́м: Её муж?! Ха-ха-ха. Нет! Это не её муж. Это мой провинциа́льный ро́дственник - бизнесме́н, миллионе́р из Сара́нска.

Ве́ра: Миллионе́р? Вы серьёзно? Это о́чень интере́сно! Расскажи́те о нём.

Вади́м: Со́бственно говоря́, я его́ совсе́м не зна́ю. Мы познако́мились вчера́.

Ве́ра: Ну, тогда́ познако́мьте меня́ с ним.

Вади́м: Посмо́трим...

8. ВРЕМЯ 57

Ива́н: Алло́! Это театра́льная ка́сса?

Де́вушка: Да, что вы хоти́те?

Ива́н: Мо́жно заказа́ть биле́ты в Большо́й теа́тр?

Де́вушка: Когда́ вы хоти́те пойти́?

Ива́н: У вас есть биле́ты на за́втра?

Де́вушка: На за́втра? Сейчас посмотрю́. Да, есть два биле́та на бале́т Чайко́вского “Щелку́нчик”. Нача́ло в два часа́ дня. Вам о́чень повезло́!

Ива́н: В два часа́ дня? Нет, э́то не подхо́дит. А на ве́чер есть биле́ты?

Де́вушка: Ве́чером идёт о́пера “Снегу́рочка”.

Ива́н: А биле́ты есть?

Де́вушка: Биле́тов мно́го.

Ива́н: Когда́ начина́ется спекта́кль?

Де́вушка: В семь часо́в.

Ива́н: Отли́чно. Мне на́до два биле́та. Моя́ фами́лия Козло́в.

Де́вушка: Хорошо́.

9. ТЕАТР 64

Тама́ра: Так ты из теа́тра, так по́здно?! Уже оди́ннадцать часо́в!

Людми́ла: Да. Извини́, что я так по́здно.

Тама́ра: Это твой миллионе́р тебя́ пригласи́л в теа́тр? Как его́ зову́т?

Людми́ла: Ива́н.

Тама́ра: Ах, да! Ива́н Козло́в, ты мне говори́ла. И что вы смотре́ли?

Людми́ла: “Снегу́рочку”.

Тама́ра: Я забы́ла, это бале́т и́ли о́пера?

Людми́ла: Опера, коне́чно. Ты “Снегу́рочку” не смотре́ла?

Тама́ра: Не смотре́ла. Но меня́ интересу́ет тво́й миллионе́р. Когда́ мо́жно с ним встре́титься?

Людми́ла: Тама́ра, я не зна́ю. Он о́чень за́нят.

10. ДОМ 71

Тама́ра: Алло́!

Мужчи́на: Я звоню́ по по́воду кварти́ры.

Тама́ра: Да. Я вас слу́шаю.

Мужчи́на: У меня́ однoко́мнатная кварти́ра со все́ми удо́бствами.

Тама́ра: Опиши́те кварти́ру.

Мужчи́на: Больша́я све́тлая ко́мната, большо́й балко́н и ку́хня.

Тама́ра: Ку́хня больша́я?

Мужчи́на: Не о́чень.

Тама́ра: Поня́тно. А где нахо́дится кварти́ра?

Мужчи́на: В са́мом це́нтре. На Арба́те.

Тама́ра: На Арба́те? Это интере́сно!

Мужчи́на: Да. Это о́чень удо́бное ме́сто.

Тама́ра: Хорошо́. Я поду́маю и позвоню́ вам. Да́йте мне ваш телефо́н.

Мужчи́на: Меня́ зову́т Васи́лий Никола́евич. Мой телефо́н: 246-89-74.

PRÉCIS GRAMMATICAL

Nous ne traitons ici que des points de grammaire abordés dans Ruslan 1. Vous trouverez plus d'information dans Ruslan 2 et 3.

Les substantifs - le genre
Le russe a trois genres - masculin, féminin et neutre. On les différencie grâce à leur terminaison. Voir pages 19, 31 et 87.

Les cas
Le russe a six cas. Les substantifs se déclinent selon le cas et le nombre. Les adjectifs et les pronoms se déclinent selon le genre, le cas et le nombre.

Le nominatif indique le sujet ou un attribut du sujet. Voir page 19.

L'accusatif est utilisé pour l'objet direct. Il est utilisé aussi après les prépositions в et на quand il s'agit d'aller "à" un endroit, après спаси́бо за, et avec certaines expressions de temps. Voir pages 31, 43, 99, 75, 108, 121.

Le génitif exprime la possession. Il est utilisé aussi après certaines prépositions, par exemple у, из, от, для, о́коло, без et напро́тив. Le génitif est utilisé après les expressions de quantité telles que мно́го et après нет pour exprimer " il n'y a pas de ". Le génitif singulier est utilisé après les nombres 2, 3, 4, 22, 23, 24, 32, 33, 34, etc. et le génitif pluriel est utilisé après les nombres 5-20, 25-30, 35-40, etc. Certains verbes se construisent également avec le génitif. Voir pages 42, 65, 99, 120.

Le datif est utilisé pour un complément d'objet indirect, ainsi qu'après les prépositions к et по. Voir pages 43 et 108.

L' instrumental est utilisé après la préposition с - “avec” - dans le sens “accompagner”. Voir page 120. Il est utilisé aussi après certaines autres prépositions. Sans préposition il exprime “avec” dans le sens du moyen utilisé. Voir “Ruslan 2”.

Le locatif (prépositionnel) est utilisé après les prépositions в et на quand il s'agit d'être "à", "sur", “dans” un endroit, et après la préposition о dans le sens "à propos de". Voir pages 53, 87 et 121.

Déclinaison des substantifs masculins

N	биле́т	гость	ключ	трамва́й	**SINGULIER**
A	биле́т	го́стя*	ключ	трамва́й	
G	биле́та	го́стя	ключа́	трамва́я	
D	биле́ту	го́стю	ключу́	трамва́ю	
I	биле́том	го́стем	ключо́м	трамва́ем	
L	биле́те	го́сте	ключе́	трамва́е	
N	биле́ты	го́сти	ключи́	трамва́и	**PLURIEL**
A	биле́ты	госте́й*	ключи́	трамва́и	
G	биле́тов	госте́й	ключе́й	трамва́ев	
D	биле́там	гостя́м	ключа́м	трамва́ям	
I	биле́тами	гостя́ми	ключа́ми	трамва́ями	
L	биле́тах	гостя́х	ключа́х	трамва́ях	

*l'accusatif des substantifs masculins animés est le même que le génitif.

Déclinaison des substantifs neutres

	-o	-e	-ие	-мя	
N	мéсто	мóре	здáние	врéмя	SINGULIER
A	мéсто	мóре	здáние	врéмя	
G	мéста	мóря	здáния	врéмени	
D	мéсту	мóрю	здáнию	врéмени	
I	мéстом	мóрем	здáнием	врéменем	
L	мéсте	мóре	здáнии	врéмени	
N	местá	моря́	здáния	временá	PLURIEL
A	местá	моря́	здáния	временá	
G	мест	морéй	здáний	времён	
D	местáм	моря́м	здáниям	временáм	
I	местáми	моря́ми	здáниями	временáми	
L	местáх	моря́х	здáниях	временáх	

Déclinaison des substantifs féminins

	-a	-га, -ка, etc.	-я	-ия	-ь	
N	ви́за	кни́га	недéля	деклара́ция	плóщадь	SINGULIER
A	ви́зу	кни́гу	недéлю	деклара́цию	плóщадь	
G	ви́зы	кни́ги	недéли	деклара́ции	плóщади	
D	ви́зе	кни́ге	недéле	деклара́ции	плóщади	
I	ви́зой	кни́гой	недéлей	деклара́цией	плóщадью	
L	ви́зе	кни́ге	недéле	деклара́ции	плóщади	
N	ви́зы	дéвушки	недéли	деклара́ции	плóщади	PLURIEL
A	ви́зы	дéвушек*	недéли	деклара́ции	плóщади	
G	виз	дéвушек	недéль	деклара́ций	площадéй	
D	ви́зам	дéвушкам	недéлям	деклара́циям	площадя́м	
I	ви́зами	дéвушками	недéлями	деклара́циями	площадя́ми	
L	ви́зах	дéвушках	недéлях	деклара́циях	площадя́х	

*l'accusatif des substantifs féminins animés au pluriel est le même que le génitif.

Règles d'orthographe

1. ы ne suit pas к, г, ш, щ, х, ж ou ч. Il est remplacé par и.
   Le génitif de кни́га est donc кни́ги.
2. о inaccentué ne suit pas ш, щ, ж, ц ou ч. Il est remplacé par е.
   "avec Natacha" - с Натáшей.

Exceptions

Quelques substantifs masculins ont la terminaison -ý ou -ю́ au singulier du locatif quand il s'agit d'être "à", "sur", "dans" un endroit. в садý - "dans le jardin".
Quelques substantifs masculins ont le pluriel en -á. городá - "villes".
цветóк - "une fleur" - donne au nominatif pluriel цветы́ et au génitif pluriel цветóв.
стул - "une chaise" - donne au nominatif pluriel сту́лья et au génitif pluriel сту́льев.
друг - "un ami" - donne au nominatif pluriel друзья́ et au génitif pluriel друзéй.
мать et дочь ont leur radical en -ер-. с мáтерью - "avec (ma) mère".
Quelques substantifs ont une voyelle mobile о ou е. два дня - "deux jours".
Il y a souvent des changements d'accentuation. Voir les déclinaisons de мéсто et гость.
Beaucoup de mots d'origine étrangère, ainsi que les noms de personnes ou de villes qui ne ressemblent pas à des mots russes, ne changent pas de terminaison.

Il y a d'autres déclinaisons et d'autres exceptions, que vous rencontrerez dans Ruslan 2.

Les pronoms personnels

N	я	ты	он	она́	мы	вы	они́
A	меня́	тебя́	его́	её	нас	вас	их
G	меня́	тебя́	его́	её	нас	вас	их
D	мне	тебе́	ему́	ей	нам	вам	им
I	мной	тобо́й	им	ей	на́ми	ва́ми	и́ми
L	мне	тебе́	нём	ней	нас	вас	них

Après les prépositions, его́, её, ему́, их, etc. changent en: него́, неё, нему́, них :
У него́ есть. Il a. с ней avec elle о них à leur sujet

кто - "qui" et что - "que" / "quoi"

N	кто	что	D	кому́	чему́
A	кого́	что	I	кем	чем
G	кого́	чего́	L	ком	чём

Les adjectifs

Jusqu'ici vous n'avez rencontré que les terminaisons du nominatif. Voir les pages 75 et 99.

Adjectifs / pronoms possessifs

Vous n'avez rencontré que les formes au nominatif :

мой / моя́ / моё / мои́ - "mon" / "le mien", "la mienne" etc.
твой / твоя́ / твоё / твои́ - "ton" / "le tien", "la tienne" etc.
наш / на́ша / на́ше / на́ши - "notre" / "le nôtre", "la nôtre" etc.
ваш / ва́ша / ва́ше / ва́ши - "votre" / "le vôtre", "la vôtre" etc.

Les verbes au présent

Verbes réguliers, 1ère classe

говори́ть - я говорю́, ты говори́шь, он / она́ / оно́ говори́т, мы говори́м, вы говори́те, они́ говоря́т
смотре́ть - я смотрю́, ты смо́тришь, он/она́ смо́трит, мы смо́трим, вы смо́трите, они́ смо́трят

Verbes de 1ère classe dont certaines consonnes changent

люби́ть - я люблю́, ты лю́бишь, он / она́ / оно́ лю́бит, мы лю́бим, вы лю́бите, они́ лю́бят
ходи́ть - я хожу́, ты хо́дишь, он / она́ хо́дит, мы хо́дим, вы хо́дите, они́ хо́дят

Verbes réguliers, 2ème classe

знать - я зна́ю, ты зна́ешь, он / она́ / оно́ зна́ет, мы зна́ем, вы зна́ете, они́ зна́ют
понима́ть - я понима́ю, ты понима́ешь, он / она́ понима́ет, ...
рабо́тать - я рабо́таю, ты рабо́таешь, он / она́ рабо́тает, ...
ду́мать - я ду́маю, ты ду́маешь, он / она́ ду́мает, ...
обе́дать - я обе́даю, ты обе́даешь, он / она́ обе́дает, ...
спра́шивать - я спра́шиваю, ты спра́шиваешь, он / она́ спра́шивает, ...
чита́ть - я чита́ю, ты чита́ешь, он / она́ чита́ет, ...
де́лать - я де́лаю, ты де́лаешь, он / она́ де́лает, ...
приглаша́ть - я приглаша́ю, ты приглаша́ешь, он / она́ приглаша́ет, ...

D'autres verbes, 2ème classe

жить - я живу́, ты живёшь, он / она́ / оно́ живёт, мы живём, вы живёте, они́ живу́т
ждать - я жду, ты ждёшь, он / она́ ждёт, мы ждём, вы ждёте, они́ ждут

Verbes irréguliers

хоте́ть - я хочу́, ты хо́чешь, он / она́ / оно́ хо́чет, мы хоти́м, вы хоти́те, они́ хотя́т
мочь - я могу́, ты мо́жешь, он / она́ мо́жет, мы мо́жем, вы мо́жете, они́ мо́гут

Le passé

La terminaison s'ajoute au radical de l'infinitif, sans -ть, -чь, -ти

masculin -л féminin -ла neutre -ло pluriel -ли

знать - я знал / зна́ла, ты знал / зна́ла, он знал, она́ зна́ла, оно́ зна́ло
мы / вы / они́ зна́ли
ждать - я ждал / ждала́, ты ждал / ждала́, он ждал, она́ ждала́, оно́ ждало́,
мы/вы/они́ жда́ли
быть - я был / была́, ты был / была́, он был, она́ была́, оно́ бы́ло,
мы /вы / они́ бы́ли

Il y a plusieurs exceptions que vous rencontrerez dans Ruslan Russe 2.

Le perfectif

Vous avez aussi rencontré quelques verbes d'aspect perfectif, au passé ou sous forme d'infinitif:

заказа́ть - réserver
забы́ть - oublier

N'essayez pas de conjuger ces verbes au présent. Cela vous donnerait un futur perfectif. L'aspect des verbes et le futur sont présentés dans Ruslan 2.

L'impératif

Voici une liste des formes de l'impératif que vous trouverez dans les livres et les CDRoms "Ruslan", et que vous entendrez, par exemple en classe. C'est la forme вы (vous pluriel ou vous de politesse) qui suit :

Иди́те!	-	Allez!	Откро́йте!	-	Ouvrez!
Скажи́те!	-	Dites	Принеси́те!	-	Apportez (-moi)!
Найди́те!	-	Trouvez!	Слу́шайте!	-	Ecoutez!
Проходи́те!	-	Entrez!	Дава́йте!	-	Allez-y! / Allons-y!
Извини́те!	-	Excusez (-moi)!	Чита́йте!		Lisez

Pour former l'impératif singulier il faut enlever la terminaison -те:

Иди́!	-	Va !	Дава́й!	-	Vas-y !
Откро́й!	-	Ouvre !	Проходи́!	-	Entre !
etc.					

Иди́те пря́мо!

LEXIQUE RUSSE-FRANÇAIS

Ce lexique contient tous les mots de "Ruslan Russe 1", ainsi que le vocabulaire utilisé dans le CD-Rom et le Cahier de l'étudiant Ruslan 1. Si un mot a plusieurs sens en français, c'est le sens qui est utilisé dans ce manuel qui est donné.

а	et (opposition)
авиакомпа́ния	compagnie aérienne
авто́бус	autobus
автопортре́т	autoportrait
администра́тор	administrateur
а́дрес	adresse
актёр	acteur
аллерги́я	allergie
Алло́!	Allô! (au téléphone)
Аме́рика	Amérique
америка́нец	un Américain
америка́нка	une Américaine
америка́нский	américain (adj.)
анана́с	ananas
англича́нин	un Anglais
англича́нка	une Anglaise
Англия	Angleterre
анекдо́т	histoire drôle
анке́та	questionnaire
антра́кт	entracte
апельси́н	orange
аперити́ф	apéritif
апре́ль	avril
ара́бский	arabe
аргуме́нт	argument
арифме́тика	arithmétique
а́рмия	armée
арти́ст	artiste (de théâtre)
аспири́н	aspirine
афга́нский	afghan
аэропо́рт	aéroport
ба́бушка	grand-mère
бага́ж	bagages
бадминто́н	badminton
балала́йка	balalaïka
бале́т	ballet
балко́н	balcon
Ба́лтика	la Baltique
банк	banque
банкома́т	distributeur de billets
бар	bar
бараба́н	tambour
баскетбо́л	basketball
бейсбо́л	baseball
бе́лый	blanc
Бе́льгия	Belgique
бельэта́ж	premier balcon (au théâtre)
бензи́н	essence
бе́рег	bord (fleuve etc.)
бефстро́ганов	bœuf Stroganoff
би́знес	affaires
бизнесме́н	homme d'affaires
биле́т	billet
благодари́ть	remercier
бланк	fiche, imprimé
бли́зко	près
блин	une crêpe
блу́зка	corsage
блюдо	plat
бога́тый	riche
большо́й	grand
больни́ца	hôpital
борщ	soupe aux betteraves
ботани́ческий	botanique
брат	frère
Брета́нь (fém.)	Bretagne
брита́нский	britannique
бу́ква	caractère (écrit)
буты́лка	bouteille
буфе́т	café-restaurant, snack-bar
бывший	ancien (ancien Président)
быть	être
бюдже́т	budget
бюро́	bureau
в (+ acc.)	à / dans (direction)
в (+ loc.)	à / dans (location)
по-валли́йски	en gallois
вальс	valse
валю́та	devise
вам (datif)	pour vous, à vous
Варша́ва	Varsovie
варе́нье	confiture
вас (acc.)	vous (objet)
вас зову́т ...	vous vous appelez ...
ваш / ва́ша	votre, le vôtre
вдруг	soudainement
вегетариа́нец	végetarien
вегетариа́нка	végetarienne
везде́	partout
велосипе́д	vélo
вера́нда	véranda
весна́	printemps
ве́чер	soir
вещь (f.)	chose
вид	espèce / vue
ви́део-ка́мера	camescope
ви́деть	voir
ви́за	visa
визи́тка	carte de visite
вино́	vin
виолонче́ль	violoncelle
вку́сный	savoureux / délicieux
вме́сте	ensemble
внизу́	en bas
внима́ние	attention

внук	petit-fils
вну́чка	petite-fille
вода́	eau
во́дка	vodka
возвра́тный	réfléchi
возвраща́ться	revenir
вокза́л	gare
Во́лга	Volga
волейбо́л	volley
вопро́с	question
воро́та (pl.)	portail
восемна́дцать	dix-huit
во́семь	huit
во́семьдесят	quatre-vingts
воскресе́нье	dimanche
вот	voici / voilà
Вот как!	Oh, vraiment ! Ah bon !
врач	médecin
вре́мя	heure / temps
все	tous
всегда́	toujours
всё	tout
всё в поря́дке	tout est en ordre (OK)
вста́вить (perf.)	placer
встре́титься (perf.)	rencontrer, se retrouver
встре́ча	rencontre
вто́рник	mardi
второ́й	deuxième
вчера́	hier
вы	vous
вы́брать	choisir
вы́дача багажа́	réclamation de bagages
вы́ставка	exposition
вы́ход	sortie
выходно́й	jour férié

газ	gaz
газе́та	journal
гармо́нь	harmonica
где	où (emplacement)
генера́тор	générateur
Герма́ния	Allemagne
гита́ра	guitare
гитари́ст	guitariste
гла́вный	principal (adj.)
глаго́л	verbe
говори́ть	parler
год	an / année
голла́ндский	hollandais
Голла́ндия	Hollande
гольф	golf
гора́	montagne
го́род	ville
горя́чий	chaud
гости́ная	salle de séjour
гости́ница	hôtel
гость	visiteur, invité
госуда́рственный	national
граждани́н	citoyen
гражда́нка	citoyenne
гражда́нство	nationalité
грамм	gramme
Гре́ция	Grèce
гре́ческий	grec
грузи́н	un Géorgien
грузи́нка	une Géorgienne
грузи́нский	géorgien

да	oui
Дава́й(те)!	Allons-y!
давно́	depuis longtemps
да́же	même
Дайте!	Donnez (-moi)!
далеко́	loin
Да́ния	Danemark
дартс	jeu de fléchettes
да́та	date
да́тельный	datif
дать	donner
да́ча	maison de campagne
два	deux
два́дцать	vingt
двена́дцать	douze
двухко́мнатный	de deux pièces
де́вушка	jeune fille
девяно́сто	quatre-vingt-dix
девятна́дцать	dix-neuf
Дед Моро́з	le Père Gel
де́душка / дед	grand-père
дежу́рная	femme de service (à l'hôtel)
действи́тельно	vraiment
дека́брь	décembre
деклара́ция	déclaration
де́лать	faire
де́ло	affaire
демонстра́ция	manifestation
день	jour
день рожде́ния	jour de naissance, anniversaire
де́ньги	argent
дере́вня	village, campagne
деревя́нный	en bois
десе́рт	dessert
де́сять	dix
де́ти	enfants
де́тский сад	jardin d'enfants
диало́г	dialogue
дива́н	canapé
диктату́ра	dictature
дирижёр	chef d'orchestre
для (+ gén.)	pour
до (+ gén.)	jusqu'à
до свида́ния	au revoir
До́брое у́тро!	Bonjour! (le matin)
До́брый ве́чер!	Bonsoir!
дово́льно	assez
докуме́нт	document papiers d'identité
до́ктор	docteur (forme d'interpellation)
до́лго	longtemps
до́ллар	dollar
дом	maison / immeuble

дорого́й	cher
достиже́ние	accomplissement
дочь	fille
друг	ami
друго́й	autre
друзья́	amis
ду́мать	penser
душ	douche
дя́дя	oncle
Евро́па	Europe
е́вро	euro / euros
Египе́т	Egypte
его́	le (objet direct)
его́	son (à lui, pas à elle)
еди́нство	unité
её	la (objet direct)
её	sa (à elle, pas à lui)
е́здить	aller (régulièrement, en transports)
ей	à elle, pour elle
ему́	à lui, pour lui
е́сли	si
есть	il y a
е́хать	aller (en transports)
ещё	encore
ёлка	sapin de Nöel
Как жаль!	Quel dommage!
жа́реный	rôti
ждать	attendre
же	alors / donc (renforcement)
железнодоро́жный	de chemin de fer (adj.)
жена́	femme
жени́ться	se marier
же́нский	féminin, de femme
жето́н	jeton
жить	habiter / vivre
журна́л	magazine, revue
журнали́ст	journaliste
забы́ть	oublier
за́втра	demain
за́втрак	petit-déjeuner
зада́ть вопро́с	poser une question
заказа́ть (perf.)	commander
зака́зывать (imp.)	commander
зако́нчить	terminer
закры́т	fermé
заку́ска	hors-d'oeuvre
зал	grande salle
заливно́й	en gelée
вы́йти за́муж	se marier (pour une femme)
за́нят / -а́ / -о / -ы	occupé
за́падный	occidental
записа́ть	écrire une note
запо́лнить	remplir
защи́тник	protecteur, défenseur
звони́ть	téléphoner
зда́ние	bâtiment
здесь	ici

Здра́вствуй(те)!	Bonjour!
знако́м	connu
знако́мый / -ая	une connaissance
зна́чит	ce qui veut dire
Зо́лушка	Cendrillon
зоопа́рк	parc zoologique
и	et
и т. д.	etc.
игра́ть	jouer
иде́я	idée
Иди́те!	Allez! / Venez!
идти́	aller (à pied)
ие́на	le yen
из (+ gén.)	de (mouvement)
изве́стный	célèbre
Извини́те!	Excusez (-moi)!
ико́на	icône
икра́	caviar
и́ли	ou
имерати́в	impératif
и́мя	prénom
индустриа́льный	industriel
инициати́ва	initiative
инжене́р	ingénieur
иностра́нец	un étranger
иностра́нка	une étrangère
инструме́нт	instrument
интере́сно	c'est intéressant
интере́сный	intéressant
интерне́т	Internet
инти́мный	intime
инфинити́в	infinitif
инфля́ция	inflation
информа́ция	information
Ирла́ндия	Irlande
ирла́ндец / -ка	Irlandais / -aise
ирла́ндский	irlandais (adj.)
Испа́ния	Espagne
Ита́лия	Italie
италья́нский	italien (adj.)
их	les (objet direct)
их	leur
ию́ль	juillet
ию́нь	juin
к (+ dat.)	vers / chez (direction)
к нам	chez nous (direction)
к сожале́нию	malheureusement
кабине́т	bureau
ка́ждый	chaque
ка́жется	il semble
калькуля́тор	calculatrice
как	comment
Как дела́?	Comment ça va?
како́й	quel
ками́н	cheminée
Кана́да	Canada
кана́дец	un Canadien
кана́дка	une Canadienne
кана́дский	canadien (adj.)

кана́л	canal
ка́рта	carte, plan
карти́на	tableau, peinture
ка́рточка	carte
карто́фель (m.)	pomme de terre (littéraire)
карто́шка	pomme de terre (l. parlé)
каска́д	cascade
ка́сса	caisse / guichet
кафе́	café (l'endroit)
квалифика́ция	qualification
кварти́ра	appartement
квас	boisson à base de pain de seigle
кероси́новый	de kérosène
кефи́р	yaourt acide très liquide
килогра́мм	kilogramme
кинломе́тр	kilomètre
кино́	cinéma ; film
кинокри́тик	critique de cinéma
кинотеа́тр	cinéma
кио́ск	kiosque
Кита́й	Chine
кита́йский	chinois (adj.)
кла́дбище	cimetière
кларне́т	clarinette
класси́ческий	classique
клие́нт	client
кло́ун	clown
клуб	club
ключ	clé
кни́га	livre
кни́жный	pour les livres (adj.)
ковёр	tapis
когда́	quand
колбаса́	saucisson
колле́га	collègue
коло́дец	puits
командиро́вка	voyage d'affaires
комите́т	comité
коммента́рий	commentaire
ко́мната	salle / pièce
компа́кт-диск	CD
компью́тер	ordinateur
коне́чно	bien sûr
консульта́нт	conseiller
контраба́с	contrebasse
контро́ль (m.)	contrôle
конча́ться	finir / se terminer
конья́к	cognac
Коре́я	Corée
коридо́р	couloir
коро́ль (m.)	roi
космона́вт	cosmonaute
ко́смос	espace
костёр	feu de camp
кот	chat
котле́та	boulette de viande
Кото́рый час?	Quelle heure est-il?
котте́дж	maison de campagne
ко́фе	café (la boisson)
краси́вый	beau
кра́сный	rouge
креди́тный	de crédit (adj.)
кремль	kremlin, citadelle
кре́пость (f.)	forteresse
кре́сло	fauteuil
кре́йсер	croiseur
кри́зис	crise
крите́рий	critère
ксе́рокс	photocopie, photocopieuse
кто	qui
Ку́ба	Cuba
куда́	où (direction)
культу́рный	cultivé, lettré
купи́ть (perf.)	acheter
кури́ть	fumer
курс	stage
ку́хня	cuisine

ла́дно	d'accord
ла́мпа	lampe
ле́вый	gauche
лес	forêt
ле́то	été
лимо́н	citron
лимона́д	limonade
лимо́нный	de citron (adj.)
лови́ть	attraper
ло́жа	loge (au théâtre)
луна́	lune
лу́чше	mieux
лы́жи	skis
люби́ть	aimer
любо́вь (f.)	amour

мавзоле́й	mausolée
магази́н	magasin
май	mai
ма́ло	peu, pas beaucoup
маргари́н	margarine
ма́рка	timbre
март	mars
ма́сло	beurre ; huile
мать	mère
ме́бель (f.)	meubles
медбра́т	infirmier
медве́дь (m.)	ours
медпу́нкт	centre médical
медсестра́	infirmière
междунаро́дный	international
мемора́ндум	mémorandum
ме́неджер	manager
меню́	menu
меня́ (acc.)	me
меня́ зову́т	je m'appelle
ме́тод	méthode
ме́сто	place, endroit
ме́сяц	mois
метро́	métro
мечта́	rêve (aspiration)
миллионе́р	millionnaire

минера́льный	minéral
Мину́точку!	Une minute!
ми́нус	moins
ми́тинг	manifestation politique ou sociale
мне (datif)	pour moi / à moi
мно́го	beaucoup
мно́жественный	pluriel
моби́льник	téléphone portable
моде́ль	modèle
мо́жет быть	peut-être
мо́жно	c'est possible
мой, моя́, etc.	mon, ma, etc.
Молоде́ц!	Bravo!
молодо́й	jeune
молоко́	lait
монасты́рь	monastère
моро́з	gel, froid
моро́женое	glace
моско́вский	de Moscou (adj.)
мост	pont
мотоци́кл	moto
мочь	pouvoir
муж	mari
мужчи́на	homme
музе́й	musée
му́зыка	musique
музыка́льный	musical
музыка́нт	musicien
мы	nous

на (+ acc.)	à (direction : à la plage)
на (+ loc.)	à ; sur, dans (position : sur la plage)
на по́езде	en train
на са́мом де́ле	en effet
на у́лице	dehors ; dans la rue
наве́рно	probablement
наверху́	en haut
на́дпись (f.)	inscription
на́до	il faut
Не на́до!	Il ne faut pas!
наза́д	en arrière
нажа́ть (perf.)	cliquer, appuyer
найти	trouver
назва́ние	nom (de ville, etc.)
наконе́ц	enfin
нале́во	à gauche
напи́сано	écrit
напи́ток	boisson
напра́во	à droite
наприме́р	par exemple
напро́тив (+ gen.)	en face de
нарко́тик	stupéfiant
наро́д	peuple ; gens
наро́дный	du peuple (adj.)
настоя́щий	véritable / du présent
натура́льный	naturel
нахо́диться	se trouver / être situé
национа́льный	national
нача́ло	commencement / début
начина́ться	commencer
наш, на́ша, etc.	notre ; le nôtre, la nôtre etc.
не	ne pas
недалеко́	pas loin
неде́ля	semaine
незави́симость	indépendance
нельзя́	défendu
не́мец	un Allemand
не́мка	une Allemande
неме́цкий	allemand
немно́жко	un peu
нет	non
нефть (f.)	pétrole
ничего́	rien / ça va
но	mais
но́вый	nouveau
ноль	zéro
но́мер	chambre (d'hôtel) ; numéro
ноя́брь	novembre
нра́виться	plaire à
Ну!	Et bien ! Alors !
ну́жен	nécessaire

о (+ loc.)	au sujet de
о себе́	au sujet de soi-même
обе́д	un déjeuner
обе́дать	déjeuner
обме́н	échange
объе́кт	objet
обы́чный	habituel, ordinaire
о́вощи	légumes
овся́нка	bouillie de flocons d'avoine
огоро́д	potager
оде́жда	vêtements
оди́н	un / seul
оди́ннадцать	onze
однoко́мнатный	avec une pièce
однoко́мнатная кварти́ра	studio
о́зеро	lac
окно́	fenêtre
окро́шка	soupe froide à base de kvas
октя́брь	octobre
он	il, lui (sujet)
она́	elle
они́	ils, elles / eux, elles (sujet)
оно́	pronom neutre
о́пера	opéra
опла́та	paiement
опла́чивать	payer
оптими́ст	optimiste
орга́н	orgue
организа́ция	organisation
осетри́на	esturgeon
останови́ться	s'arrêter ; rester chez qqu'un
от (+ gén.)	de (venant de)
отве́т	réponse
отдыха́ть	se reposer
оте́ц	père
оте́чество	patrie
откры́т	ouvert

отли́чный	excellent
отправле́ние	départ
отсю́да	d'ici
о́тчество	patronyme
о́фис	bureau
официа́нт	garçon (au restaurant)
официа́нтка	serveuse
о́чень	très ; beaucoup
парк	parc
парте́р	parterre, orchestre
партнёр	partenaire
парфюмери́я	parfumerie
па́спорт	passeport
па́спортный	de passeport (adj.)
пассажи́р	passager ; voyageur
пельме́ни	raviolis farcis de viande
пе́рвый	premier
перево́д	traduction
перево́зка	transport
переры́в	pause ; interruption
перестро́йка	perestroïka
переу́лок	petite rue / ruelle
перехо́д	passage piéton
перио́д	période
пешко́м	à pied
печь (f.)	poêle
пиани́но	piano droit
пи́во	bière
пиро́г	pâté en croûte
пирожки́	petits pâtés en croûte
письмо́	lettre
пить	boire
пла́вать	nager
план	plan, projet
плане́та	planète
племя́нник	neveu
племя́нница	nièce
пло́хо	mal
плохо́й	mauvais
пло́щадь (f.)	place (dans une ville)
плюс	plus
по	par
по-англи́йски	en anglais
по-ру́сски	en russe
по де́лу	pour les affaires
по по́воду (+ gén.)	au sujet de
побе́да	victoire
Вам повезло́!	Vous avez de la chance!
пода́рок	cadeau
подва́л	cave
по́дпись (f.)	signature
подру́га	amie, copine
по́езд	train
пожа́луйста	s'il vous plaît ; je vous en prie
по́здно	tard
Пойдёмте!	Allons!
пока́	pendant que ; pour le moment
Пока́!	A bientôt! ; Salut !

покупа́ть / купи́ть	acheter
поликли́ника	polyclinique centre médical
полити́ческий	politique (adj.)
поли́ция	police
по́лка	étagère, planche
по́льский	polonais
По́льша	Pologne
помидо́р	tomate
по́мнить	se souvenir de
по́мощь (f.)	aide
понеде́льник	lundi
понима́ть	comprendre
пора́	il est temps
Португа́лия	Portugal
портфе́ль (m.)	porte-documents
поря́док	ordre
посмотре́ть (perf.)	regarder
постро́ить (perf.)	construire
посыла́ть	envoyer
пото́м	puis
потому́ что	parce que
похоро́нен	enterré
почему́	pourquoi
по́чта	bureau de poste
почтальо́н	facteur
почти́	presque
почто́вый и́ндекс	code postal
по́яс	ceinture ; zone
прав (adj. court)	qui a raison
Ты прав.	Tu as raison.
пра́вда	verité
пра́вда?	n'est-ce pas?
Пра́вда	la Pravda (le journal)
пра́вильный	correct
пра́здник	jour de fête
пра́ктика	pratique
предложе́ние	phrase
Президе́нт	Président
прекра́сный	merveilleux
прибы́тие	arrivée
приве́т	une salutation
Приве́т!	Salut !
приглаша́ть	inviter
прие́зд	arrivée (transport)
Приезжа́йте!	Venez! (transport)
прие́хать (perf.)	arriver (transport)
прилага́тельное	adjectif
Принеси́те!	Apportez (-moi!)
принима́ть	accepter
приноси́ть	apporter
при́нтер	imprimante
прихо́жая	entrée (maison ou appartement)
прия́тный	agréable
пробле́ма	problème
провинциа́льный	de province
програ́мма	programme
программи́ст	programmeur
програ́ммка	programme (de théâtre)
продолже́ние	continuation, suite
проду́кты	alimentation, nourriture

а б в г д е ё ж з и й к л м н о п р с т у ф х ц ч ш щ ъ ы ь э ю я

прое́кт	projet
про́пуск	laissez-passer
проси́ть	demander, prier
прослу́шать (perf.)	écouter
проспе́кт	avenue
Прости́те	Excusez-moi
профессиона́льный	professionnel
профе́ссия	profession
профе́ссор	professeur
прочита́ть (perf.)	lire
Проходи́те!	Passez ! Entrez !
прохо́жий	un passant
прохо́жая	une passante
проце́нт	pourcentage
проше́дший	passé
пря́мо	tout droit
пье́са	pièce (de théâtre)
пятна́дцать	quinze
пя́тница	vendredi
пять	cinq
пятьдеся́т	cinquante
рабо́та	travail
рабо́тать	travailler
рад	heureux
ра́дио	radio
раз	fois
рай	Paradis
ра́но	tôt
ра́ньше	plus tôt ; avant
рассказа́ть	raconter
револю́ция	révolution
регистра́ция	enregistrement
рейс	vol
река́	fleuve / rivière
ремо́нт	réparation
репортёр	reporter, journaliste
рестора́н	restaurant
речно́й	fluvial
Рим	Rome
ро́дственник	parent
ро́дственница	parente
рожде́ние	naissance
Рождество́	Noël
роль	rôle
романти́чный	romantique
Росси́я	Russie
росси́йский	russe
роя́ль (m.)	piano à queue
рубль (m.)	rouble
рупи́я	roupie
ру́сский	russe
ру́сский	un Russe
ру́сская	une Russe
ры́ба	poisson
ры́нок	marché
рюкза́к	sac à dos
ряд	rang, rangée
ря́дом (с)	à côté (de)
с (+ instr.)	avec

с (+ gén.)	à partir de
с лимо́ном	avec citron
с ча́са	à partir d'une heure
сад	jardin
Сади́тесь!	Asseyez-vous!
саксофо́н	saxophone
сала́т	salade
самова́р	samovar
самолёт	avion
са́нки	traîneau
сапоги́	bottes
сара́й	grange
све́тлый	clair
свобо́дный	libre
свято́й	un Saint / saint (adj.)
себя́	soi-même
сего́дня	aujourd'hui
сего́дня ве́чером	ce soir
сейф	coffre-fort
сейча́с	tout de suite
секре́т	un secret
секрета́рь (m.)	secrétaire
секре́тный	secret (adj.)
селёдка	hareng
семина́р	séminaire
семна́дцать	dix-sept
семь	sept
се́мьдесят	soixante-dix
семья́	famille
сентя́брь	septembre
сертифика́т	certificat, brevet
сестра́	sœur
сиби́рский	sibérien
Сиби́рь (f.)	Sibérie
сиде́ть	être assis
систе́ма	système
Скажи́те!	Dites!
сказа́ть	dire
ско́лько?	combien?
Ско́лько сто́ит?	Combien ça coûte?
скоре́е	plus vite
скри́пка	violon
сла́дкий	sucré
сле́ва	à gauche
сле́довать	suivre
слова́рь (m.)	dictionnaire
сло́во	mot
слу́шать	écouter
слы́шать	entendre
слы́шно	audible
смотре́ть	regarder
снача́ла	au début
снег	neige
Снегу́рочка	Snégourotchka, (jeune fille faite de neige)
собира́ться	se réunir ; se préparer à faire qqch
собо́р	cathédrale
сове́тский	soviétique
совсе́м	tout à fait
содержа́ние	contenu

сок	jus
соли́ст	soliste
солове́й	rossignol
соля́нка	soupe de viande et de légumes marinés
со́рок	quarante
со́товый телефо́н	téléphone portable
со́ус	sauce
спа́льня	chambre
спаси́бо	merci
спать	dormir
спекта́кль	spectacle
специали́ст	spécialiste
Споко́йной но́чи!	Bonne nuit!
спо́нсор	sponsor
спорт	sport
спра́ва	à droite
спра́шивать	demander / poser une question
среда́	mercredi
стадио́н	stade
ста́нция	gare / station (de métro)
ста́рый	vieux
ста́тус	statut
стена́	mur
стихотворе́ние	poème
сто	cent
сто́ить	coûter
стол	table
сто́лик	petite table, table au restaurant
столи́ца	capitale
столо́вая	salle à manger
стоя́нка такси́	station de taxis
страна́	pays
страни́ца	page
студе́нт	étudiant
студе́нтка	étudiante
стул	chaise
сту́лья	chaises
стюарде́сса	hôtesse de l'air
суббо́та	samedi
сувени́р	souvenir
су́мка	sac
суп	soupe
существи́тельное	substantif
счёт	addition
США	Etats-Unis
сын	fils
сыр	fromage
сюрпри́з	surprise
табло́	tableau
так	donc / alors
та́кже	aussi
такси́	taxi
такси́ст	chauffeur de taxi
таксофо́н	téléphone public
там	là
тамо́жня	douane
тамо́женник	douanier
тарака́н	cafard
твой, твоя́ etc.	ton, ta etc.
теа́тр	théâtre
тебя́ (acc.)	te (objet direct)
текст	texte
телеви́зор	poste de télévision
телегра́ф	bureau de télégraphe
те́лекс	télex
телефо́н	téléphone
те́ннис	tennis
термина́л	terminal
терминоло́гия	terminologie
тепе́рь	maintenant
тётя	tante
техноло́гия	technologie
типи́чный	typique
тогда́	alors
то́же	aussi
то́лько	seulement
тома́тный	de tomate (adj.)
традицио́нный	traditionnel
трактори́ст	conducteur de tracteur
трамва́й	tramway
транзи́т	correspondance (voyages)
три	trois
три́дцать	trente
трина́дцать	treize
три́ста	trois cents
тро́йка	troïka, véhicule traîné par trois chevaux
тролле́йбус	trolleybus
тромбо́н	trombone
труба́	trompette
труд	travail
туале́т	toilettes, WC
туда́	là (direction)
тури́зм	tourisme
тури́ст	touriste
тури́стка	touriste (f.)
ты	tu, toi (sujet)
у вас	vous avez / chez vous
у меня́	j'ai / chez moi
удо́бный	confortable
удо́бство	facilité, confort
удово́льствие	plaisir
узна́ть	apprendre / reconnaître
ужа́сно	affreux
уже́	déjà
у́жин	un dîner
у́жинать	dîner
Украи́на	Ukraine
украи́нец	un Ukrainien
украи́нка	une Ukrainienne
украи́нский	ukrainien (adj.)
у́лица	rue
на у́лице	dans la rue, dehors
улыба́ться	sourire
универса́льный	universel
университе́т	université
упражне́ние	exercice

уста́л	fatigué
у́тро	matin
у́тром	le matin
учи́тель	professeur (m.)
учи́тельница	professeur (f.)
Уэ́льс	Pays de Galles
факс	télécopie, fax
фами́лия	nom de famille
февра́ль	février
федера́ция	fédération
фи́рма	entreprise
флаг	drapeau
фле́йта	flûte
фойе́	foyer
фотоаппара́т	appareil photo
фотогра́фия	photo
Фра́нция	France
францу́з	un français
францу́женка	une française
францу́зский	français
фрукт	fruit
фрукто́вый	de fruit (adj.)
фунт	livre
футбо́л	football
футболи́ст	footballeur
хлеб	pain
ходи́ть	aller (à pied, régulièrement)
хозя́йство	économie
хокке́й	hockey sur glace
холо́дный	froid
хор	chœur
хоро́ший	bon
хорошо́	bien / c'est bon
хоте́ть	vouloir
храм	temple
худо́жественный	d'art (adj.)
царь	tsar
цветно́й	en couleurs (adj.)
цвето́к	fleur
цветы́	fleurs
цель (f.)	but
цеме́нт	ciment
центр	centre
центра́льный	central
цирк	cirque
ци́фра	chiffre
цыплёнок	poulet
чай	thé
час	une heure
часово́й по́яс	fuseau horaire
ча́сто	souvent
часы́ (pl.)	horloge / montre
челове́к	une personne
чемода́н	valise
чемпио́н	champion
черда́к	grenier
четве́рг	jeudi

четы́ре	quatre
четы́рнадцать	quatorze
чёрный	noir
число́	date / nombre
чита́ть	lire
чте́ние	lecture
что	quoi / que
Что тако́е ...?	Qu'est-ce que c'est que ...?
шампа́нское	champagne
ша́пка	chapka, bonnet de fourrure
ша́хматы	échecs
шашлы́к	brochette de viande
Швейца́рия	Suisse
шестна́дцать	seize
шесть	six
шестьдеся́т	soixante
шко́ла	école
шокола́д	chocolat
Шотла́ндия	Ecosse
шо́фер / шофёр	chauffeur
шту́ка	un morceau (de) une pièce
щи	soupe aux choux
эконо́мика	économie
экономи́ст	économiste
экспе́рт	expert, spécialiste
электри́чество	électricité
электро́нная по́чта	courrier électronique
эскала́тор	escalier mécanique
эта́ж	étage
э́тот, э́та, etc.	ce, cet, cette etc.
эффе́кт	effet
юа́нь	yuan (devise chinoise)
ю́мор	humour
я	je, moi (sujet)
я́блоко	pomme
я́года	baie
янва́рь	janvier
Япо́ния	Japon
япо́нский	japonais
я́рус	galerie (au théâtre)